有趣味的语文

出租时间的熊爷爷

全国优秀少儿报刊　作文指导报社／主编

中国妇女出版社

图书在版编目（CIP）数据

出租时间的熊爷爷 / 作文指导报社主编. -- 北京：
中国妇女出版社, 2019.7
（有趣味的语文）
ISBN 978-7-5127-1735-0

Ⅰ. ①出… Ⅱ. ①作… Ⅲ. ①小学语文课—课外读物
Ⅳ. ①G624.203

中国版本图书馆CIP数据核字（2019）第082657号

出租时间的熊爷爷

作　　者：作文指导报社　主编
责任编辑：陈经慧
封面设计：思想工社
责任印制：王卫东
出版发行：中国妇女出版社
地　　址：北京市东城区史家胡同甲24号　　　邮政编码：100010
电　　话：（010）65133160（发行部）　　　65133161（邮购）
网　　址：www.womenbooks.cn
法律顾问：北京市道可特律师事务所
经　　销：各地新华书店
印　　刷：华睿林（天津）印刷有限公司
开　　本：165×225　1/16
印　　张：8
字　　数：100千字
版　　次：2019年7月第1版
印　　次：2019年7月第1次
书　　号：ISBN 978-7-5127-1735-0
定　　价：29.80元

作文指导报 中小学读写指导，我们很权威！

“文坛祖母”冰心老人多次亲切会见《作文指导报》编辑，并为本报题写报头、书名。

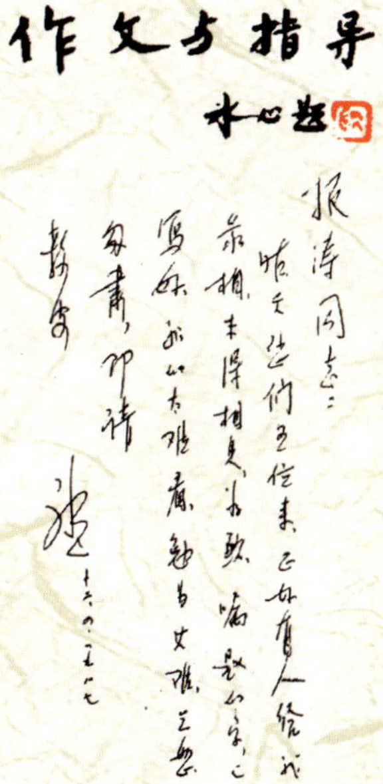

强大的专家顾问团

于　漪（著名语文教育专家、特级教师）

林　非（中国散文学会会长）

曾祥芹（中国阅读学研究会会长）

甘其勋（中国阅读学研究会副会长）

张定远（人民教育出版社资深编审）

余映潮（全国中语会学术委员会副主任）

王洪应（河南省文联副主席）

程　翔（北京一零一中学副校长）

让语文有趣味的秘密

聪明可爱的小学生丁丁是《作文指导报》忠实的小读者，每次一拿到订阅的报纸，他就迫不及待地读起来，连喜欢的超人动画片都顾不上看了。这份报纸的吸引力怎么会这么大呢？

原来，事情是这样的，丁丁曾经因为不爱看书，语文成绩不理想，经常闷闷不乐。妈妈经常鼓励他："语文其实很有趣呀，你一定能学好。"语文老师也叮嘱他："学语文，你首先要找到读书的快乐。"

可是，丁丁怎么就感觉不到语文阅读的趣味呢？一天，他正拿着语文课本，嘟着嘴巴在书桌前发呆，脑海中突然冒出来一个想法——给《作文指导报》的编辑姐姐写信求助。说写就写，在E-mail里，丁丁诉说了自己在语文学习上的苦恼，并征求编辑姐姐的建议。

很快，编辑姐姐就回邮件了，这让丁丁开心极了。更让他开心的是，编辑姐姐为了激发他的阅读兴趣，提高语文成绩，为他专门制订了一份内容丰盛的阅读计划。里面不仅有好玩的童话和寓言，还有富含大语文知识的汉字故事、名人故事、历史故事、科普故事、作文范文、国学知识、文化常识，等等，就像超市里琳琅满目的食品，牢牢吸引了丁丁的目光。

经过几周的阅读，丁丁发现，语文就像一个大型游乐园，充满了乐趣，令人回味无穷。

在“成语收藏罐”里，每个看起来深奥难懂的成语，背后都藏着一个精彩的故事；在“文史呼啦圈”里，我们可以从身边的小事，挖掘出丰富有趣的中国文化常识和历史知识；在“玩转语文”里，语文知识原来可以变成超级好玩的游戏和练习，让我们大呼过瘾……

丁丁沉浸在阅读的世界里，流连忘返。他还把自己的阅读心得，全都写在了“丁丁的阅读笔记”里。如果现在你问丁丁：“最爱的科目是哪一门？”不用说，答案肯定是“语文”。

小朋友，丁丁语文学习能有这么大的进步，编辑姐姐提供的阅读计划功不可没。这份阅读计划的“魔力”究竟在什么地方呢？让我们也一起来看一看吧！

目录

第1章 从“牛”说起

第2章 “马虎”先生的绰号

第3章

“鹤立鸡群”说的是谁

第4章

出租时间的熊爷爷

第5章

把烦恼挂在外面

第6章

播种希望的日子

第7章

忙碌不停的翠波鸟

第8章

乔乔的奇妙旅程

精彩有趣的阅读大会

就要开始了，

快跟我一起去参加吧！

第1章

从“牛”说起

发光并非太阳的专利，你也可以发光。

——李嘉诚

持之以恒

星期一
Mon.

※【心灵微话】※

人生马拉松

〔日〕村上春树

33岁那年秋天，我决定以写小说为生。为了保持健康，我开始跑步，每天凌晨4点起床，写作4小时，跑10千米。

几年之后，我终于步入小说家的行列，还成功减掉了多余的体重，并戒掉了烟瘾。

说起坚持跑步，总有人对我表示钦佩：“你的意志真是超人啊！”说老实话，我觉得跑步这东西和意志没多大关联。能坚持跑步，恐怕还是因为这项运动合乎我的要求：不需要伙伴或对手，也不需要特别的器械和场所。

人生本来如此，喜欢的事自然可以坚持，不喜欢的怎么也长久不了。

在这期间，我坚持每年都参加一次马拉松比赛，不过100千米长的“超级马拉松”只跑过一次。那次经历真是终生难忘。

那是1996年6月23日，我报名参加了在日本北海道佐吕间湖畔举行的超级马拉松大赛，全程100千米。

清晨5点，我踌躇满志地站在了起跑线上。比赛的前半段是从起点到55千米休息站间的路程。没什么好说的，我只是安静地向前跑、跑、跑，感觉和每周例行的锻炼一样。

到达55千米休息站后，我换了一身干净衣服，吃了一些妻子准备的点心。这时，我发现双脚有些肿胀，于是赶紧换上一双大半号的跑鞋，又继续上路了。

从55千米到75千米的路程变得极其痛苦。此时的我心里念叨着向前冲，身子却不听使唤。我拼命摆动手臂，觉得自己像一块在绞肉机里艰难移动的牛肉，累得几乎要瘫倒在地。一会儿工夫，就接二连三有选手超过了我。最让人心焦的是，一位70多岁的老奶奶超过我时大喊：“坚持下去！”

“怎么办？还有一半路，如何挺过去？”这时，我想起一本书上介绍的窍门。于是，我开始默念：“我不是人！我是一架机器。我没有感觉。我只会前进！”这句咒语反复在脑子里转圈。我不再看远方，只把目标放在前面3米远处。天空和风、草地、观众、喝彩声、现实、过去——所有这些都被我排除在外。

神奇的是，不知从哪一秒开始，我浑身的痛楚突然消失，整个人仿佛进入自动运行状态，我开始不断超越他人。接近最后一段赛程时，已经将200多人甩在身后。

下午4点42分，我终于到达终点，成绩是11小时42分。这次经历让我意识到：终点线只是一个记号而已，其实并没有什么意义，关键是这一路你是如何跑的。人生也是如此。

星期二
Tues.

※【成语收藏罐】※

“怒发冲冠”的由来

陈晨

战国时期，秦强赵弱。秦王得知赵国有稀世珍宝和氏璧，企图据为己有，假意表示愿以十五座城池换取。赵王犹豫不定：不给，怕秦国以此为借口发动战争；给了，又怕受骗得不到城池。赵王问谋士蔺相如怎么办，蔺相如说：“如果我们不答应，秦国正好有借口攻打我们。我愿意出使秦国，假如秦国真的把城邑交给我们，我就把宝玉留在秦国；如果秦国不交城邑，我一定把宝玉完完整整地带回来！”

就这样，蔺相如带着和氏璧来到秦国。秦王见了和氏璧大喜，拿在手上看了又看，又递给左右大臣和嫔妃传看。

蔺相如见秦王并无诚意交割城池，就故意对秦王说：“和氏璧上有个小斑点，请让我指给大王看。”

蔺相如收回和氏璧后，靠近柱子站住，异常愤怒，头发向上直竖，把帽子都顶了起来。他情绪激昂地对秦王说：“你想得到和氏璧，派人到我们赵国，赵王召集群臣商议，都说你秦王贪婪，想用假话骗取和氏璧，璧一到手，是决不会交付城池的，大臣们都不赞成把和氏璧送给你。我却认为一般人相交都讲信用，何况大国之交呢！所以，我主张把和氏璧送给你。赵王派我来时，斋戒了五天才把和氏璧交给我。现在，大王却这样随便地接受它，显然无诚意交付城池，所以我把璧收了回来。如果大王想强夺，我愿与和氏璧同归于尽。”

秦王怕蔺相如真把和氏璧摔了，假意表示愿意斋戒五天，再接受和氏璧。蔺相如料到秦王不会交付城池，于是派人暗中把和氏璧送回了赵国。秦王得知后，无可奈何，只好按照礼节送蔺相如回国。

这个故事出自司马迁写的《史记·廉颇蔺相如列传》。“相如因持璧却立，倚柱，怒发上冲冠”，正是对蔺相如面对秦王的狡诈所表现出来的愤怒神态的描写。“怒发上冲冠”，指因发怒而头发直竖，把帽子都顶起来了。后来，人们就用“怒发冲冠”来形容一个人愤怒到了极点。

一个瓜

金瓜瓜，银瓜瓜，
瓜棚里面结瓜瓜。
瓜瓜熟，落下来，
打着坐着的小娃娃。
小娃娃，瞪瓜瓜，
要打瓜瓜打不着，
哭着叫妈妈，
妈妈抱娃娃，
手指打瓜瓜，
瓜瓜笑娃娃。

从“牛”说起

李敏

在我们的文化中，牛被赋予了特殊的意义。它是勤恳、诚实的代名词，人们常称老实勤恳的人为“老黄牛”，说一个人心甘情愿地为他人服务，叫“俯首甘为孺子牛”。可是，我们也经常听人们说到一个词——吹牛。“吹牛”可是一个贬义词，那么“牛”这样一个忠厚老实的动物怎么进入了“吹牛”这个贬义词中呢?

“吹牛”现在有夸口、说大话等意思，可它最早的意思，与浮夸无关，指的是西北人的一种渡河工具。史学家顾颉刚先生曾在《史林杂识·吹牛·拍马》一文中作过考证：“吹牛”一词由来已久，最早是西北方言，源于陕甘宁和内蒙古一带。西北河流湍急，难以行舟，当地人遂就地取材，把若干牛皮或羊皮吹成气囊，然后做成皮筏子，扎好口后连接成筏，作为渡河的工具。牛皮筏子相连，可以承载数千斤的重物过河。据说，元世祖忽必烈就曾把它用于战争，并获大捷。他曾率军到达金沙江西岸，命令将士杀死牛羊，塞其肛门，“令革囊以济”，渡江进入丽江地区，并大败大理守军。现在，昆明著名的大观楼长联（大观楼长联是清朝乾隆时期名士孙髯翁登滇池大观楼所作，这副长联多至一百八十字，对仗工整，被称为“天下第一长联”。——编者注）中提到的“元跨革囊”，指的就是这个典故。

关于“吹牛”，还有一种有趣的说法，认为它与游牧民族的生活有关。游牧民族逐水草而居，最看重的财产就是牛马。因此，人们聚在一起时总喜欢谈论自己的牛马，其中就难免有夸大的成分。日久天长，“吹牛”之说流传开来，就有了说大话的意思。

有意思的是，在某些地方方言中，“吹牛”还有其他的意思。比如在云南方言里，“吹牛”是聊天、拉家常的意思，与说大话完全无关。

说到“牛”，我又想到了一个词——牛市。这是一个股市术语。它与“牛”又有什么关系呢？

股市术语“牛市”的来历与牛的习性有关。这个术语来自美国，也就是人们常说的多头市场，指证券市场行情普遍看涨，延续时间较长的大升市。19世纪早期，美国人为了区分股市升跌，就把倔强、迟缓的熊作为下降的象征，以“熊市”表示股市下跌；而把健步向前的牛作为上升的象征，以“牛市”表示股市上涨、行情很好。这个说法后来被世界各国广泛接受，成为股市上常用的一个术语。

哪儿的景色美

爸爸带儿子气喘吁吁地爬到了山顶，看着下边一望无际的景色，爸爸说：“儿子，下边的景色多美啊！”

“老爸，既然下边景色美，那我们为什么还要爬上来呢？”

星期四
Thur.

※【智慧门诊室】※

“规范城”里的小间谍

崔为安

文字王国有一城，叫规范城，城内生活着规范的汉字和词语。规范城的对面也有一城，叫错字城，城内居住着错字和别字。

这一天，错字城“城主”召集众臣说：“各位爱卿，昨晚我做了一个梦。梦中，错字城里的子民越来越少，最后只剩下我一个人了。你们说一说，这梦境如何解释？”

三军大帅“糊涂虫”说：“城主，据我所知，梦境跟现实相反，您的梦说明，我们错字城的子民一定会越来越多，错字城的力量一定会日益壮大。属下恭喜城主了！”

错字城“城主”不置可否。

这时，上卿“轻率”站了出来，说：“城主，不知您听说了没有，规范城的老宰相‘粗心’退休了。”

“哦？‘粗心’退休与我等有何干系？”错字城“城主”问道。

“这关系可大了。我们错字城先前之所以壮大，就是因为规范城里有‘粗心’在，他让那边的错字、别字越来越多，一个个全跑到我们这边来了。”说到这儿，他向四周看了看，继续说道，“规范城的新任宰相叫‘认真’，这人办事一丝不苟，臣民纷纷效仿他，出的错越来越少，我们的子民自然也越来越少啦。城主所担心的，应该是这件事吧。”

“哈哈哈，知我者，‘轻率’也！”错字城“城主”大笑过后，接着道，“大家说一说，现在该怎么办？”

“我等愿意混入规范城，游说那些臣民，让他们加入我们这边。”“马虎”“不留神”同时站了出来，抱拳请命。

“好，我在这里等待你们的好消息！”错字城“城主”非常高兴。

经过一天的颠簸，“马虎”和“不留神”来到了规范城，他们径直走进一所小学，兴风作浪。教室内，同学们正在抄写词语，乐乐猪一马虎，竟将“安装”写成了“按装”，将“甘拜下风”写成了“甘败下风”。胖大头一不留神，将“松弛”写成了“松驰”，将“川流不息”写成了“穿流不息”。这下，又有四个错字进入了错字城。

这仅仅是个开始，规范城内，由于“马虎”“不留神”从中作梗，小朋友们作业本上的错字、别词越来越多。请看——

爱带　爆乱　喝采　百步串杨　百尺杆头　变本加利

坚苦的工作就向担子，摆在我们面前，看我们敢不敢成担。

很快，消息传到了宰相“认真”那里，他经过分析，推断是错字城的间谍在捣乱。为此，他下达了两个命令：一是人人提防“马虎”“不留神”，让他俩无机可乘。二是任命“检查”为守城大将军，凡城内学生，写作业时除认真书写外，还要检查，不然，一年内不得评为“红星少年”。

亲爱的同学们，赶快帮“规范城”的小朋友把错别字找出来吧！

【参考答案】

爱戴　暴乱　喝彩　百步穿杨　百尺竿头　变本加厉　艰苦　像　承担

星期五

Fri.

※【名家美文】※

树木怎样过冬

〔苏联〕维·比安基

树木会不会冻死？当然会。

如果一棵树整个冻透了，连心儿都冻了冰，那它就死了。在我们这里，如果冬天特别冷，而且雪下得少，就会冻死不少树木——其中大多数是小树。幸亏树木都有防寒妙策，它们有办法使寒气不致深入到自己身体内部，不然所有的树木都得死光了。

吸收营养、生长发育、传宗接代——这都需要消耗大量的能量和热量。树木在夏天里积蓄起充分的能量，到冬天就不再吸收营养，不再生长发育，不再把能量消耗在繁殖后代上。它们停止活动，进入深沉的睡眠期。

因为树叶会呼出大量的热，所以冬天树木不要树叶！树木抛掉树叶，放弃树叶，就是为了把维持生命所不可缺少的热量，保藏在自己身体里面。再说，从树枝上脱落的树叶，在地上腐烂了，也会发热，保护娇嫩的树根，不让树根冻坏。

这还不算！每一棵树都有一副甲胄，用来保护植物的活的“皮肉”不受寒气的侵袭。每年，整个夏天，树木都在树干和树枝的皮下，储存木栓组织——死的间层。木栓不透水，也不透空气。空气停滞在它的气孔中，阻挡住树木活机体中的热，使热不向外散发。树的年龄越大，它的木栓层就越厚，因此老树、粗树的抗寒能力比枝嫩干细的小树强。

树木不只有木栓甲胄。如果严寒竟然把这层甲胄也穿过了，那它会在植物的活机体中，遇到一道可靠的化学防御线。原来，在冬季到来之前，树木的树液里就开始积蓄各种盐类和可以转变为糖的淀粉。而这些盐类和糖的溶液就具有很强的抗寒能力。

不过，树木最好的防寒设备是松软的雪被。大家都知道，细心的园丁们故意把怕冷的小果树弯到地上，用雪把它们埋起来，这样小果树就暖和多了。在多雪的冬天，白雪像一条鸭绒被似的，把森林覆盖起来，那时，不管天气有多冷，树木也不用害怕了。

不管严冬怎样残暴，它也冻不死我们北方的森林！

我们的“森林王子”可以抵御住一切暴风雪的袭击。

【收藏理由】

作者比安基是苏联著名儿童科普作家、文学家。他从小热爱大自然，喜欢观察动植物，后来他下定决心将动植物及它们之间发生的稀奇故事记录下来，写成书，让更多的人了解它们，关心它们，热爱它们。这篇文章用故事化的语言，为我们讲述了树木在寒冷冬天御寒的科学原理。生动的拟人和贴切的比喻，让树木变成拥有无边魔力的“森林王子”，也让抽象的科学道理更加灵动。

星期六
Sat.

※【玩转语文】※

成语藏在句子里

一旗

你能根据下面带数字的短语的意思，写出一个相应的成语吗？

1．一撇一捺真漂亮

2．二老额上添皱纹

3．四季发财干劲大

4．七尺之躯列榜首

5．八戒自吹法术精

6．十字路口不相让

【参考答案】

1.成人之美 2.头头是道 3.年富力强 4.高人一等 5.能说会道 6.横冲直撞

星期日 Sun.

※【读写训练营】※

念及他人

佚名

我是一个初入媒体的小记者，有一次采访两位从省城来的教授。(　　)许多问题涉及专业知识，(　　)我听得一知半解，但在采访过程中，又不能经常打断他们的思路，让他们一一给我解释。

采访结束，我对两位教授说“谢谢”，其中一位年近八旬的教授说：“小伙子，告诉我你的联系方式，我把刚才说的一些术语寄给你。”

我听了，又惊又喜，脱口而出：“那真是太好了！”

教授笑着说：“我年轻的时候也干过记者，写错字是要扣钱的。”说完，他笑了。

这件事一直珍藏在我的心底，老教授严于律己、宽以待人的学风深深印在我的脑海里。

我还想讲一个故事。二十多年前，有一位住在杭州的老者每次到农村老家探亲，都会走进农民家看看，谁家生活清苦，他就唏嘘不已，偷偷摸出几块钱放在桌上。他也经常来我家，父母对老者十分尊敬。但老者在杭州的日子并不好过，据说他唯一的爱好就是作画。

父亲总是说：“他是个好人，希望他作的画能像唐伯虎的画一样有名。”

（　　）老者不可能像唐伯虎那样出名，（　　）现在在杭州，他的名声和画技有口皆碑，特别是梅花，堪称一绝。

我看到过介绍他的许多文章，都说他“人品和画品是统一的”。而我想，一个人品上乘的人，所画出的上乘的好画，才会最令人叹服。

【练习提升】

1. 在括号内填上适当的关联词语。

2. 下面字或成语的意思，解释正确的打“√”，错的打“×”。

（1）“有口皆碑”的“碑”，意思是“石碑上刻写的碑文”。（ ）

（2）“堪称一绝”的“堪”，意思是“可以，足以”。（ ）

（3）“严于律己、宽以待人”，意思是“对自己要求十分严格，对待别人则十分宽容大度。（ ）

（4）“一知半解”的意思是“知道得不全面，理解得不透彻”。（ ）

3. 照要求填写。

文章写了两个小故事：一个是_______；另一个是_______。故事中的老教授和老者的共同特点是：____________________。

【参考答案】

1. 因为……所以……　虽然……但是……　2.（1）×（2）√（3）√（4）√　3. 老教授知道记者对涉及专业知识的问题听得一知半解，便主动要求一些术语的说明给记者　一位老者去农村老家探亲时，都会去农民家看看，谁家生活清苦，他会偷偷摸出几块钱放在桌上　念及他人

丁丁的阅读笔记

“此时的我心里念叨着向前冲，身子却不听使唤。我拼命摆动手臂，觉得自己像一块在绞肉机里艰难移动的牛肉，累得几乎要瘫倒在地。”这是村上春树参加超级马拉松大赛时的真实感受。我特别能理解这种感觉。几个月前，我在校运动会上参加1000米赛跑时，就是这种感觉。我拼命地想往前跑，但脚就是不听使唤，看着其他选手一个个从我身边跑过，我真的很着急。幸亏同学们都在跑道边大声为我加油，我才重新有了力气向前跑，最终跑完了1000米。虽然没有拿奖，但我还是很开心，因为我战胜了自己。

“终点线只是一个记号而已，其实并没有什么意义，关键是这一路你是如何跑的。”我很赞同村上春树的这句话，因为过程确实比结果更重要。

第2章

“马虎”先生的绰号

放弃不难，但坚持一定很酷。

——〔日〕东野圭吾

双重折磨

我该怎么对爸爸说呢?
爸爸，如果一个人很难过，是不是就不能再给他精神和肉体的双重折磨?
那当然。
这次考试，我得了零分，现在心里很难过。
你……

站一边的羊

佚名

头羊告诫羊群，在这个物竞天择的时代，作为弱势群体的羊群应该团结一致。无论在什么情况下，大家都要站在一起，团结起来共同对抗外敌。

头羊的策略赢得了羊群的赞赏，因为就在当天夜里，从后山来的几只狼对羊群发起了突然袭击，但是因为所有的羊都坚决地站在一边，拼死用羊角抵在前方，所以那几只狼非但没有吃到羊肉，还弄得灰头土脸，最后逃跑了。

这是一次巨大的成功，实践证明，头羊的理论是对的。所以，为了应对半个月之后的季节大迁徙，羊群召开了全族大会，宣布了一条规定：在任何情况下，每只羊都必须无条件地站在头羊一边，不逃跑，不反击。

一切准备就绪，头羊前蹄一扬，率领族群浩浩荡荡地出发了。一路上，虽然也遇到过图谋不轨的豺狼虎豹，但在头羊的“站一边”战略的指导下，羊群每次都能化险为夷。头羊兴奋地告诉大家，过了前面那条河，便是一望无际的青草地，胜利就在眼前。

为了不让一只羊掉队，头羊选了一条很大的船，让所有的羊同时过河。船夫竹竿一撑，船便往河中心漂去。这个时候，头羊习惯性地对羊群大喊：“全体小心！”突然，偌大的一只船瞬间翻了个底朝天——因为所有的羊突然间都站到了船的一边。

这个故事告诉我们，一种方法或策略不一定适用于所有情况，我们在解决困难时，不能生搬硬套，要懂得灵活变通。

这两朵花

李德民

一看就知道
这两朵花
很要好

微风里
一会儿你倚着我
一会儿我靠着你
一会儿又头挨头
小声说着什么

它们说的什么
我不知道
我只看见，一朵花
伸出小手一样的叶片
挠着另一朵花的胳肢窝
另一朵花身子乱晃
好像在笑
好像在躲

出奇制胜的火牛阵

秋水

战国时期，齐国国君齐滑王是个傲慢、好战的人，他掀起了秦齐争霸，齐国人民生活得很苦。于是，齐国的邻国燕国便联合几个国家一同进攻齐国，齐国百姓恨透了齐滑王，都无心抗敌，军队的士气也非常低落。但后来，他们看到燕兵奸淫掳掠，想到国仇家恨，心里非常难过，于是纷纷逃往莒城和即墨，誓死抵抗。

燕军攻了几年，都没有攻下莒城，只好转攻即墨城。即墨城中的守军知道他们的大将田单是一位足智多谋的勇士，于是推举他为守城的大将军。聪明的田单想出了一个新的计谋，叫“火牛阵”。他先叫城内的商人拿着金银珠宝，偷偷送到燕军的主帅手中，并且传话说：“即墨城的守军兵力不够，快要投降了，这些珠宝献给你们，请求大人您入城之后千万别杀我们！”燕军主帅一听，以为即墨城里的齐军已经准备投降，一高兴就放松了警戒。

没想到，田单从城里收集来一千多头牛，并且为这些牛全部披上五彩龙纹衣，双角绑上尖刀，尾巴绑上草，牛头都朝向燕军的阵营。在一个月黑风高的夜晚，田单一声令下，士兵用火把点着了牛尾巴上的草。牛被火烫到之后，就拼命往前跑。燕军从睡梦中惊醒，看到面前出现一大群五彩怪兽，顿时吓得慌了手脚，四处逃窜，结果大都被牛撞死、踢死或被齐兵砍死了。后来，田单乘胜追击，最后收复了被燕军占领的七十多个城邑。

田单在作战中用这种新奇的、出人意料的方法夺取了胜利。后来，人们就用“出奇制胜”这个成语来比喻用对方意想不到的方法来取胜。

开心一刻

鹦鹉

有一位爱鸟人士特别喜欢鹦鹉。一天，他经过一间鸟店时发现里面正在拍卖一只鹦鹉。他看那只鹦鹉毛色很好看便决定买下它，于是他喊道：“我愿意出10美元买下这只鹦鹉！”接着，有人喊价：“我愿意出20美元！”

那位爱鸟人士不愿把那只鹦鹉拱手让人，于是他又喊了30美元。可是另一个声音像在跟他作对，一直到那位爱鸟人士喊到200美元时才停。那人买到了鹦鹉很高兴，可是他突然想道：“我花了那么多钱才买到这只鹦鹉，如果它不会说话那我不就亏大了吗？”于是，他就提着鸟笼去问老板：“老板，你这只鹦鹉会不会说话啊？”

他话音刚落，就听到鹦鹉大叫着喊道：“不会说话？你以为刚刚是谁在跟你喊价啊！”

星期三
Wed.

※【文史呼啦圈】※

“马虎”先生的绰号

李敏

日常生活中，人们都喜欢用“马虎”来形容某些人办事草率或粗心大意。从字面上看，我们无论如何也看不出这两个字与不认真之间有什么必然联系。如果从这两种动物的属性看，它们也相差甚远：一个是早已被人类驯养的家畜；一个是野生的、凶猛的兽中之王，人若不小心落入虎口，就会被它吃掉，连马也不能幸免。为什么这两种性情截然不同的动物会搭配在一起，成为一个有特定含义的固定词语——“马虎”呢?

相传，宋代时京城有一个画家，作画常常随心所欲，令人搞不清他画的究竟是什么。他非常喜欢画虎。一次，他提笔作画，刚画出一只虎头，有一位朋友登门来拜访，想请他画一幅马。这位画家大笔一挥，在虎头之下添上了马的身躯。朋友一见，质问他：“你这画的到底是马还是虎呢？”没想到这位仁兄随口回答道：“管它是什么呢，马马虎虎吧！”朋友见他这种态度，一气之下拂袖而去。

虽然别人不要，但画家觉得这画不错，颇为得意，就将它挂在墙上。他的大儿子看见这幅画，感到很奇怪，指着画问他：“爸爸，那上面画的是什么呀？”“是虎。”画家漫不经心地回答道。后来，二儿子也好奇地问他同样的问题，画家又随口支吾着说：“是马。”

不久，大儿子外出打猎，碰上一匹马，却以为是虎，搭上箭，一箭就将它射死了。马主人不干了，要他赔偿，害得画家不得不原价赔偿，好让人家再买一匹马。后来，二儿子出门，路上遇到一只老虎，却以为是马，就想去骑，结果老虎一张嘴把他吃掉了。画家闻讯，悲痛万分，就把《马虎图》烧了，还写了一首诗自责：“马虎图，马虎图，似马又似虎，长子依图射死马，次子依图喂了虎。草堂焚毁马虎图，奉劝诸君莫学吾。”经历了这些事，这位画家得了一个“马虎先生”的外号。

这个悲剧的教训实在太深刻了！打那以后，“马虎”这个词就流传开了。

你若要喜爱你自己的价值，你就得给世界创造价值。

——〔德〕歌德

先相信自己，然后别人才会相信你。

——〔俄〕屠格涅夫

※【智慧门诊室】※

橡树上的歌声

李云

山脚下有一棵高大的橡树，听树下的小蚂蚁说，这棵树已经有一百多岁了。树上住着一对百灵鸟姐妹，每天早上，她俩都会站在最高的枝头唱歌。

“早上空气真是好，快来快来做早操。伸伸臂来弯弯腰……”百灵鸟的歌声随风飘呀飘，飘过山梁，飘过小河，飘向很远很远的地方。小兔子出来做早操了，小刺猬出来做早操了，瞧，连小蚯蚓也从泥土里爬出来，做起了早操。

“百灵鸟，我想把你俩的歌声带到天上去。请告诉我，你们叫什么名字？”天空中，一朵白云听到歌声，也停下了脚步。

“我叫灵活。”一只百灵鸟扇动着翅膀彬彬有礼地说。

“我叫灵巧。”另一只百灵鸟轻轻跳跃了一下说。

“哦，你俩长得差不多，名字也差不多呢。”白云调皮地眨了一下眼睛。

“哈哈哈……”灵活听了，笑道，“我俩虽然长得差不多，名字也相似，但性格上还是有差别的。我着眼于‘不呆滞’，常用来形容人或动物的动作敏捷、不呆板，如‘我长着一双透亮灵活的眼睛’；

也指人善于随机应变，不拘泥，如‘他能灵活运用所学的知识’。我姐姐着眼于‘不笨拙’，指灵活而巧妙，常用来形容人的手艺、技术高超，事物活动灵便，成品精巧等，如‘飞机在空中灵巧地做着各种高难度的动作’。”

“哦，你这么一说，我就明白了。”说完，白云招招手，带着百灵鸟的歌声向远处飘去。

“蓝天里有阳光，树林里有花香，白云白云，你自由地飞翔……”看着白云渐渐远去，百灵鸟姐妹又唱起了歌。

【练一练】

1. 他脑子______，善于随机应变。

2. 他的手挺______，能做各种精致的小玩意儿。

【参考答案】

1. 灵活　2. 灵巧

我的读书经历（节选）

杨宪益

我小时读书的条件很好，家里有不少先辈留下来的旧书，可以偷着自由翻看。这些各式各样的旧书，从经史子集的专著到明清近代的笔记小说，还有整套的林译《说部丛书》（近代中国著名翻译家林纾翻译的外国文学作品集。——编者注）。

我没上过小学，相当于别家孩子上小学的年纪，家里给我请了一位中文老师，是一个秀才。我在老师的指导下读书。初读的书是《三字经》《百家姓》《龙文鞭影》《千家诗》。10岁以后读“四书”，然后是《诗经》《书经》《左传》，此外还有《古文观止》《古文释义》《唐诗三百首》《楚辞》，这些都是要背诵的。

我小时候记性不错，一般的书分段读二三遍，就可以背下来了，所以并不感到吃力。到了高中阶段，我主要花时间在课外阅读方面。当时天津有两家外文书店，我经常去买书，看了不少外文书，因此兴趣也就转到西方文学方面去了。同时，我有一个要好的同学廉士聪爱写一些旧体诗，我因此向他学习，也写了不少古诗。

“看”字找朋友

宋玉坤

丁丁：冬冬，你要专心读书，干吗老是东张西望的？学习时左顾右盼会分散注意力，懂吗？

冬冬：丁丁，你真棒！你刚才说的两句话里就用了四个表示“看”的字——“张”“望”“顾”“盼”。

丁丁：表示“看”的词还有好多好多呢。比如，看见钱财，眼睛睁得大大的，形容人贪财——（　）钱眼开。

冬冬：观察言语和表情来揣摩对方的心意——（　）颜（　）色。

丁丁：看见了就感到害怕——（　）而生畏。

冬冬：比喻眼光狭小，看到的极其有限——坐井（　）天。

丁丁：斜着眼睛看人，表示鄙视、畏惧或憎恨的样子——侧目而（　）。

冬冬：认为不值得一看，形容对事物异常鄙视——不屑一（　）。

丁丁：经常看到却跟没看见一样，指对某事物漠不关心——熟（　）无（　）。

冬冬：全世界的人都注视着——举世（　）目。

丁丁：站得高看得远，形容目光远大——高（　）远（　）。

冬冬：一下子看得清清楚楚——一（　）无余。

丁丁：你看我，我看你，惊讶得不知所措——面面相（　）。

冬冬：啊，你知道的真多，我真有些目（　）口呆了。

【参考答案】

见　察　观　望　观　视　顾　视　睹　瞩　瞻　瞩　览　觑　瞪

星期日
Sun.

※【读写训练营】※

小黑

佚名

小黑是我家一只八哥的名字。它，黑色的毛，黄色的嘴，眼睛不大却有神。它是爸爸喂养的众多鸟儿中最惹人喜爱的一只。

小黑很可爱。它（　　）具有一般八哥的特点——会学人说话，（　　）还会自己洗澡。偶尔，它还会用它的巧嘴为奶奶梳理头发。每当这时，我总能看到奶奶爬满皱纹的脸上绽放出灿烂的笑容。

有时，小黑也会搞些恶作剧。记得有一天，它飞出笼子，落在爸爸的肩头，左蹦右跳，好不开心。可趁爸爸不备，它将自己的“废弃物”排了爸爸一身。（　　）爸爸有些难堪，（　　）看在它可爱的分儿上，就原谅了它。

最让我感动的是小黑的聪明伶俐。每次我放学回家，妈妈都会因为在厨房做饭而听不到我的敲门声。每当此时，小黑就放开嗓门，发动所有的鸟儿大声喧闹，会说话的学我的声音叫“妈妈”，不会说话的则大声“唱歌”。不一会儿，门就打开了，妈妈用带着歉意的笑容迎我进门。

小黑给我们家带来了不少快乐。我爱它！

【练习提升】

1. 在文中括号内填上适当的关联词语。

2. 为加点字选择正确的解释。

"惹"在字典中的解释有：①招引，引起（不好的事情）；②（言语、行动）触动对方；③（人或事物的特点）引起爱憎等的反应。

（1）"小黑"是众多鸟儿中最惹人喜爱的。（　　）

（2）这人脾气不好，不能惹他。（　　）

（3）这都是关亮不小心惹的祸。（　　）

3. 按要求填空。

（1）短文除了描写"小黑"的外形以外，还写了有关"小黑"的三个方面的内容：一是＿＿＿＿＿＿＿＿；二是＿＿＿＿＿＿＿＿；三是＿＿＿＿＿＿＿＿。

（2）第二、三、四自然段的第一句与该段内容的关系是：＿＿＿＿＿＿＿＿＿＿。为表现"小黑"的可爱，作者举的事例是＿＿＿＿＿＿＿＿＿＿；为表现"小黑"搞恶作剧，作者举的事例是＿＿＿＿＿＿＿＿＿＿；为表现"小黑"的聪明伶俐，作者举的事例是＿＿＿＿＿＿＿＿＿＿。

【参考答案】

1. 不但……而且……　虽然……但是……　2.（1）③（2）②（3）①

3.（1）"小黑"很可爱　"小黑"有时也搞些恶作剧　"小黑"聪明伶俐（2）每段都是围绕第一句这个总起句写的　"小黑"用嘴为奶奶梳头　"小黑"将"废弃物"排了爷爷一身　"小黑"发动鸟儿们大声喧闹，提醒奶奶去开门

丁丁的阅读笔记

周末，爸爸妈妈开车带我和表妹去草原游玩。一路上，我们时不时会遇到牧羊人驱赶着羊群在放牧。表妹好奇地问我：“那些羊没有绳子束缚它们，为什么还那么听牧羊人的话，是牧羊人对羊群施了魔法吗？”

我告诉她：“每个羊群中都有一只头羊，它是整个羊群的首领，羊群中所有的羊都会听从头羊的命令，所以牧羊人只要管好头羊，其他羊就都会乖乖跟着走了。”

为了证明我所言属实，我还把这周读的《站一边的羊》讲给表妹听。听完故事，表妹对我崇拜极了。

现在，我越来越喜欢阅读了，它不仅让我学到了知识，还增强了我的自信。

第3章

“鹤立鸡群”说的是谁

真正的尊严不是别人施舍的，而是自己赢得的。

——〔美〕迈克尔·乔丹

患难与共

爸爸，我不要去医院，我怕打针。
儿子，生病了就得去医院啊。
好吧，不过你得与我患难与共啊！
回家把这盒药喝完，病就好了！
医生，给我也来两盒。
因为我答应了儿子，要与他患难与共。
嘻！
……

藏些苹果给朋友

〔美〕琳达·安德森

我们家曾经养过一只金毛牧羊犬，名叫普拉那，它患了癌症，离开我们已经有几年了，但是它带给我们的快乐依然历历在目。

普拉那做过很多有趣的事，但给我印象最深的是我们住在明尼苏达州时的一件事。那一年的秋天很冷，简直和冬天一样。一天，我们还没做任何准备，一场大雪就铺天盖地地落了下来。

我们后院里种着两棵苹果树，每年都会结出很多苹果。普拉那也喜欢吃苹果，有时候它会偷偷跑到外面，咬住掉在地上的一只苹果，深深地把它含进嘴里，然后叼进屋子里，留着以后没事时慢慢吃。有时候，苹果掉在地上，沾满了泥，所以我不喜欢普拉那把它叼进屋子里。普拉那感觉到了我的反感，所以后来只要我看到它在往屋子里叼苹果，它就把头扭过去，把它的宝贝藏到身后，好让我看不到，我也会假装没看见。

那天降下大雪时，我正从窗户往外看，忽然发现普拉那又跑了出去。只见它用爪子疯狂地在地上刨着，直到刨出了一个个小坑，接着它把地上的一些苹果一个个叼进了这些小坑里，然后又刨土把这些苹果埋好。它埋的土高出地面，这样从外面很容易就能看出下面埋着东西。普拉那干得专心致志，仿佛那是它的一项任务，它用尽了一切力量在院子里刨坑、埋苹果。

几天后的一个清晨，我又往窗外看时，发现普拉那正把它埋起来的苹果一个个地刨了出来。我很纳闷，不知道它为什么要这样做。当我把它喊回屋子里时，它的嘴里像往常一样叼着一个属于它的苹果。五分钟后，只见院子里落满了鸟儿，还来了几只松鼠，它们有的将苹果带走了，有的开始就地吃起来。原来，普拉那贮藏这些苹果是为了留给它的这些朋友吃的。它知道，今年的冬天来得太早，它的朋友们还没来得及贮藏食物！

当我看到这个动人的情景时，禁不住一下子流出了眼泪，一只普通的小动物教会了我什么是无私的爱。

开心一刻

大街上叫喊的人

孩子：“妈妈，您给我一块钱吧，我要给一个在大街上叫喊的人。”

妈妈：“那准是一个既可怜又叫人同情的人。孩子，他在叫喊什么？”

孩子：“他在大街上大声叫喊‘冰棍一块钱一根’。”

“鹤立鸡群”说的是谁

贺婷

“鹤立鸡群”的意思是鹤站在鸡群中，比喻一个人的才能或仪表在一群人里显得很突出。那么，这个成语是怎么来的，它的主人公又是谁呢？

“鹤立鸡群”的主人公是西晋“竹林七贤”嵇康的儿子嵇绍。

嵇绍第一次去京城洛阳时，拎着一堆东西在人群里来回张望，恰好被一个有心人看见了。他觉得嵇绍器宇不凡，在人群中十分显眼。于是，他跑去告诉时任司徒的“竹林七贤”之一王戎：“昨天，我在人群中见到一个叫嵇绍的人，被他器宇轩昂的气质震惊了，他就像仙鹤站在一群鸡当中。”就这样，成语“鹤立鸡群”诞生了。

嵇绍体态魁伟，聪明英俊，为人正直。晋惠帝时，嵇绍被任命为侍中。当时，皇族争权夺利，互相攻杀，史称“八王之乱”。

嵇绍对皇帝始终非常忠诚。有一次，京城发生叛乱，形势十分严峻，嵇绍奋不顾身地奔进宫去。守卫宫门的侍卫张弓搭箭，准备射他。侍卫官望见嵇绍正气凛然的样子，连忙阻止侍卫，并把弓上的箭抢了下来。

不久，京城又发生叛乱，嵇绍跟随晋惠帝，出兵迎战于汤阳，不幸战败，将士们死伤逃亡无数，只有嵇绍始终保护着惠帝，不离左右，奋勇冲杀。敌方的飞箭像雨点般射过来，嵇绍为保护惠帝被箭射伤，鲜血溅在惠帝的御袍上，嵇绍就这样阵亡了。

事后，惠帝的侍从要洗去御袍上的血迹，惠帝却说："这是忠臣嵇绍的血，洗不得啊！"

"八王之乱"结束后，当权者对嵇绍都十分尊重，尤其是东海王当权后，追封他为光禄大夫。东晋元帝继位后，追封他为"忠穆"，并以太守的礼仪祭祀他。

由此可见，无论是从容貌和风姿，还是从才能和品德看，嵇绍都当之无愧"鹤立鸡群"一词。

我是草莓

〔美〕库斯金

我喜欢生长，
生长真叫人喜欢。
叶子软软的，
太阳暖暖的。
我熟了红了圆了，
就有人把我扔到篓子里面。
做草莓并不是总那么好玩。
今天早晨，
他们把我放进冰激凌，
我冷得直打寒战。

“露马脚”为何露的不是“人脚”

李敏

“露马脚”一词的意思是不小心暴露了本想掩盖的事情。可是，为什么不是露其他东西的脚，比如牛脚、羊脚，偏偏是马脚呢？其实，“马脚”可不是马这种动物的蹄子，而是指一个人的脚。这里面还有一个故事呢。

相传，朱元璋年幼时家境非常贫寒，为了填饱肚子，他不仅给财主放过牛羊，还在庙里当过和尚。后来，他加入了元朝末年起义军郭子兴的队伍。由于他作战勇猛，屡建战功，郭子兴很赏识他，于是将义女马氏嫁给了他。马氏是一个才女，精明干练，辅佐朱元璋实现了统一大业。朱元璋建立明朝当上皇帝后，就封马氏为皇后。

马皇后长得虽然不漂亮，却也温柔端庄，举止大方。美中不足的是，她长了一双没有缠过的“天足”。在以小脚为美的时代，女人脚大是一种缺陷。马氏在当了皇后以后，越发为自己的一双大脚感到不安。因而，在大庭广众之下，她总是遮遮掩掩，尽量避免将脚露出裙外。

有一天，马皇后游兴大发，乘轿游览古都风景。百姓都翘首张望，想一睹皇后的风采。谁料，一阵大风吹过，轿帘被掀起一角，马皇后的一双大脚赫然展现在百姓面前。看到的人们都很惊讶——没想到当今皇后竟有这样一双大脚！人们窃窃私语，交头接耳，“露马脚”一词就这样流传开了。

后来，人们将隐私或阴谋出现破绽或彻底败露也称为“露马脚”。

下棋

高咏志

夜里没事儿，
老杏树就和月亮下棋。
老杏树的棋子，
是小杏花，
香喷喷的。
月亮的棋子，
当然是
亮晶晶的小星星。

他们棋逢对手，
难分高低。
淘气的风小子
来捣乱了，
他拿云去
遮小星星，
用雨点儿去
打小杏花。

闹过之后，
老杏树和月亮
重新开盘。
雨水洗过，
小星星更亮了。
哈，老杏树这回
把棋子换成了
青青的小果实。

星期四
Thur.

※【智慧门诊室】※

“生花妙笔”的美丽故事

晓荷

豆豆： 成语“生花妙笔”是什么意思？

爸爸： 用来比喻一个人杰出的写作才能。

豆豆： 这个词语让我想到了我国古代的诗人李白、杜甫、王勃，现代的鲁迅、巴金和当代的莫言等。

爸爸： 这个成语最早还真和一个人有关系！

豆豆： 是吗？谁呀？

爸爸： 他是我国唐代浪漫主义诗人，给后人留下了近千首诗歌，诗歌豪迈奔放，想象丰富。你猜猜这个人是谁？

豆豆： 是李白！

爸爸： 这里面有一个有趣的故事。唐代著名诗人李白，从小学习刻苦，志向远大。传说，有一天，他在油灯下读书写字，一连三个时辰没挪动地方，后来实在太累了，就趴在桌上睡着了。睡着后，他做了一个梦，梦见自己还在写字，写着写着，笔杆上开出了鲜艳的花朵，花香沁人心脾，令人陶醉。后来，又从空中飞来了一张张白纸，雪白雪白的，直落笔下。李白高兴极了，紧握那支妙笔，飞快地写着，写了一张又一张。不一会儿，李白身边开满了鲜花，原来这些花都是落在纸上的字变的。李白见到“生花妙笔”后，名诗佳句便源源而出，一发而不可收。

豆豆： 这真是一个奇特的梦！原来“生花”就是长出花朵，“生花妙笔”就是长出花朵的神来之笔呀！

爸爸： 后来，人们就用“生花妙笔”比喻一个人杰出的写作才能。这个词语又叫“梦笔生花”和“妙笔生花”，都是一个意思。

豆豆： 我也想像李白那样，写作时妙笔生花，好词佳句源源不断。

爸爸： 只要平时多观察，勤积累素材，写作时一定能妙笔生花！

开心一刻

变形金刚

小明头大而且方，有一天他开车回家，路上遇到堵车，等了很久，于是他打开车顶天窗，伸出头来看看前面的情况。

这时，路边有个小孩指着他大声喊道：“快看，汽车人要变形了！”

星期五
Fri.

※【名家美文】※

雕像

樊发稼

不知从什么时候起，在长街拐角的地方，在一块绿草坪的中央，突然诞生了一座闪着银光的雕像，过路的行人无不投上欣喜的一瞥——

洁白、宁静，犹如一抹轻盈的云彩；

典雅、流丽，像是一曲凝固的音乐；

激越、奔放，又仿佛是一首立体的抒情诗。

从这面望：

线条柔和明朗，双臂舒展，微微仰首，整个身子略向前倾——

啊，那分明是一个翩然起舞的妙龄少女！

从那面看：

大理石的底座上，纤丽的双腿亭亭玉立，自由怡然地张开轻盈的翅膀，在绚丽的阳光下，似乎正在静静聆听即将来自远方的一声召唤，随时会应声腾空而起，直插浩阔的云霄——

啊，那又分明是一只欲飞的矫健的鹰！

有一个端庄秀丽的女中学生，每天路过这里，必久久深情地凝视着它，不觉流连忘返。

她感到它对她是这样亲近。

她觉得她和它一下子就彼此心照不宣地成了莫逆之交。

她甚至意识到，每经过这座雕像前，她和它都要进行一次充满诗意的亲切的心灵对话，谈理想、谈事业、谈人生，乃至各自心中的隐秘……

她因此觉得这个城市乃至这个世界，忽然显得分外美丽可爱；那绿色的街树，那潺潺的清泉，甚至头上的天空以及天空中浮游的云朵，都忽然显得分外热烈而又柔情如水。

她于是感到自己年轻的生命里，注入了新的蓬勃的活力，眼睛变得更明亮了，血液的循环也加快了。

有一天夜里，她做了一个奇异的梦——

梦见自己长出了一对彩色的翅膀，并且惬意地高高翱翔在广阔无垠的天空中，她的洁白如玉的亲密伙伴，紧紧飞随在她的身旁……

开心一刻

青菜都没我高

小杰很怕吃青菜，每顿饭都要妈妈软硬兼施才吃一点。

一天吃饭，小杰又不肯吃青菜了。妈妈说：“小孩子要多吃青菜才能长得高。”

小杰听了，气呼呼地说：“青菜都没我高！”

“说”字找替身

李云

小朋友，认真读一读下面的句子，你会发现，根据句子表达的不同内容，“说”还有好多替身呢。这些替身不仅能表达出“说”的意思，还能准确地表达出“说”的主人的心情呢！

1. 我气得肚子都快炸了，对她吼道：“我已经知道事情的真相了，不要再骗我了！”

2. 舅舅终于忍不住了，跑过来按着康剑飞的脑袋，呵斥道：“还不向小刚认错！”

3. 望着突然而降的大雨，我躲在大树下埋怨道：“这雨早不下晚不下，怎么我刚到公园就下？成心跟我作对呀！”

4. 看妈妈不信任我，我委屈地嘟囔道：“妈妈，你怎么能这样对待我？”

请你用波浪线画出例句中“说”的替身。

【参考答案】

吼 呵斥 埋怨 嘟囔

※【读写训练营】※

窗

佚名

我最喜欢从窗子里看外面的景物。

四岁时，我家住在哈尔滨的松花江畔，从窗口往外望去，一派江水，茫茫东去。早上雾很大，看不到对岸。中午却异常晴朗，一目了然，连太阳岛都看得清清楚楚。夜晚，坐在窗口看月亮在水里的倒影，倒也十分有趣。沙沙沙，一群鱼儿游过来，水中玉盘破碎了，一会儿又合拢了。

五岁时，我从武汉坐客轮去重庆。从窗里眺望长江，江面平静得很，像面镜子。远处的龟山和蛇山的轮廓十分清晰，我还看到了黄鹤楼，白白的墙壁，小小的楼阁，一面旗子迎风飘扬。大小数百只渔船，停在江面上，密密麻麻的，跟煮饺子一样。

六岁时，我同爸爸坐火车去北京，我又选择了靠窗子的座位。窗外是平旷的土地、绿色的原野，近处的树木飞快地向后倒退。晚上，火车的轮子隆隆地响着，吵得人不能入眠。这时，欣赏窗外的景色，却别具风味。火车道旁的路灯发出黄色昏暗的光，远处的灯光像一朵朵金花、一颗颗星星，点缀着大地，真是个神奇的世界。

【练习提升】

1. 照样子填词。

例：（昏暗的）灯光

（　　）世界　（　　）土地　（　　）原野

（　　）墙壁　（　　）江水　（　　）倒影

2. 写出反义词。

（1）清晰（　　）　（2）倒退（　　）

（3）昏暗（　　）

3. 读句子，联系上下文回答问题。

“沙沙沙，一群鱼儿游过来，水中玉盘破碎了，一会儿又合拢了。”

（1）“水中玉盘”指____________________。

（2）“水中玉盘破碎”的原因是________________。

（3）“合拢”的意思是____________；水中玉盘合拢的原因是________________________。

（4）这句话写出了__________________的情景。

【参考答案】

1. 示例：神奇的　平坦的　绿色的　白白的　滚滚的　斑驳的　2.（1）模糊（2）前进　（3）明亮　3.（1）月亮在水里的倒影　（2）一群鱼儿游到倒影中来了　（3）收拢（聚拢）　一群鱼儿游走了　（4）月光下，一群鱼儿在水中游动

丁丁的阅读笔记

我很喜欢《藏些苹果给朋友》中的普拉那。它是一只金毛牧羊犬，非常有爱心。因为风雪来得太突然，它的动物朋友们没有来得及准备足够多的食物，为了让朋友们有东西吃，它在院子里刨了好多小坑，每个坑里都埋了一些苹果。等它的朋友们来的时候，它就将这些苹果从坑里刨出来，送给朋友吃。

我曾经也有一位动物朋友，它是一只小兔子。它非常喜欢跟我在一起，每次我去哪里，它就跟到哪里。但是有一天，它独自跑出家门后，就再也没有回来，我找了很多地方都没有找到。

小兔子你快回来吧，我很想你。

第4章

出租时间的熊爷爷

坐着等待，好运不会从天而降，就算命中注定，也要自己去把它找出来。

——李安

光阴似箭

……光阴似
炮弹……
“光阴似炮
弹”不对，
应该是“光
阴似箭”！
老师，您这里改得
不对啊……
明明是“光阴似
箭”，怎么能说
“似炮弹”呢？
古代人们用的是
弓箭，而现在我
们用的是炮弹啊！

星期一
Mon.

※【心灵微话】※

出租时间的熊爷爷

吕传彬

已经退休了的熊爷爷，心情很不好，老是呆呆地对着窗户发愣。

“爷爷，您为什么总是不高兴呢？”开心熊跑来问。

“因为……我的时间太多了。”熊爷爷叹了口气，“我不用工作了。”

时间太多了？这可太奇怪了。对开心熊来说，时间实在是不够用啊！去果园摘果子吃吧，刚吃了两个，妈妈就说：“快走，来不及去学校了。”去花田采花，刚采了一把，爸爸就说：“行了，还要去画画呢。”去灌木丛捉迷藏吧，才玩了一会儿，老师就说：“好啦，咱们要去学唱歌啦。”

真的，要学的事儿太多，要玩的游戏太多，要吃的东西也太多，怎么会嫌时间多呢？

“爷爷，您的时间可以出租吗？”开心熊想出了一个主意，小心翼翼地问。

“出租？”熊爷爷吃了一惊，“要租给谁呀？谁会要我的时间呢？”

“我、小刺猬、小兔子……”开心熊忙说，“我们都要时间呢。如果您愿意，那就太棒啦！”

“行。”熊爷爷来了精神，“你说吧，你想要我的时间做什么？”

“您瞧瞧，”开心熊指指自己篮子里的果子，“我本来要用一小时数果子，然后分给大家的。现在，请您帮我做这件事。至于租金，就是您可以留下一份果子。行不行？”

“行啊。”熊爷爷觉得这事儿很有趣。开心熊高兴地放下篮子走了。这一天，他多摘了好多好多果子呢。

“熊爷爷，听说您出租时间？”小兔子听到消息，也跑来了。

“对呀。”闻着鲜花的熊爷爷忙点头。

“您瞧瞧，”小兔子摊开手里混在一起的种子说，“我把花种子混在一起了，如果您愿意帮我分好，我可以付的租金是一大篮子蘑菇。”

“可以，没问题！”熊爷爷高兴地说。

这天，小兔子多采了两大篮子蘑菇。

自从开始出租时间，熊爷爷的心情变好了，他的时间一点儿也不多了。开心熊每天都能听到他乐呵呵的笑声，心里可真得意。

“熊爷爷，听说您出租时间？”新搬来的小棕熊也来了。

“对呀。”品尝着蘑菇汤的熊爷爷忙点头说。

“我可不可以……”小棕熊有一点为难地说，“租您的时间呢？”

“可以。”熊爷爷说，“租来做什么事？”

“陪我的熊奶奶说说话。”小棕熊说，“奶奶病了，需要有人陪她说话。我没时间天天陪她，我还要学舞蹈。租金的话……能不能是我每天跳一支新的舞蹈给您看？”

“嗯……好。”熊爷爷想了想，同意了。

熊爷爷这几天都不出租时间了，因为要照顾生病的熊奶奶。每天晚上，小棕熊跳舞给他俩看时，他俩都乐得开怀大笑。

熊爷爷觉得，这一次租出的时间最快乐。

很快，熊奶奶的身体好了，熊爷爷却不再出租他的时间了。因为，他和熊奶奶说好，以后他把时间全租给熊奶奶，熊奶奶也把时间全租给他，他俩一块儿去帮助大伙儿，不收租金啦！

不管三七二十一

马玉功

“不管三七二十一”这一成语经常被大家使用，殊不知它来源于古代的一则笑话。

从前，有一大户人家，户主名叫李元。有一年，李元雇了一个五大三粗的长工给他家干活儿。那长工到李元家后，李元对老婆说：“你每天管他三顿干饭吧，免得他借上茅房的机会偷懒。”他老婆照办了，那长工每顿三碗干饭，干起活来一个能顶两个用。

十天以后，李元又对老婆说：“这个长工长了一副憨相，干活儿虽然卖力气，但他的饭量太大了，这么吃下去，一年要吃掉我们几百斤粮食呢！从今天起，你一天管他三顿稀饭吧！”老婆又照办了。

那长工每顿吃七碗稀饭，干起活儿来有气无力，还不如一个弱女子。眼看稻田里杂草猛长，不抓紧时间除草就要减产，李元心如油煎，想再雇一个短工，又舍不得花钱，因此他十分恼火。

一天吃饭时，李元责问长工：“你一天吃我三七二十一碗饭，为啥干活儿不像个男子汉？”只见长工边用筷子敲着碗边唱道：“干干干，一天吃九碗饭，周身汗毛都有劲，打个喷嚏响过山！稀稀稀，三七二十一，尿像下竹竿雨，脚酥手软如烂泥。我着急，没有力；你着急，有啥益？”

李元听了，想了半天回过神来，当着长工的面对老婆说：“从今天起，管他三三九碗干，不管他三七二十一。”他老婆又照办了。那长工干活儿又一个人能顶俩了。

这事情逐渐传开，被人们当成了笑谈。刚开始，人们把改变错误的主张称为“不管三七二十一”，后来人们将这个成语慢慢引申开去，把不知好歹、不分是非的言行也称为“不管三七二十一”。

快乐诗园

月亮喊疼

佚名

月亮不停地喊疼，
因为它经常
被陨石殴打。
瞧瞧它身上的洞，
就是被陨石用肩膀撞的。
时常，
还被打弯了腰。
这都是无法弥补的伤痕。

“喝墨水”的前世今生

何长平

从前，有个地主家的少爷，整日不务正业。虽然他也读了几年书，却是碗大的字认不了一斗。一天，父亲正陪客人谈话，地主少爷进来了。客人恭维说：“大少爷的墨水不少，学问一定不浅。”他父亲说：“惭愧！读书十载，胸无点墨。”地主少爷一想，自己不会读书，原来是因为没有喝过墨水呀，便走进书房，舀了一大碗墨汁，“咕咚咕咚”喝了下去。客人走后，他兴冲冲地对父亲说：“父亲，我刚才喝了足足一大碗墨汁，以后您见了人，可别再说我胸无点墨了。”

这里说的是一个笑话，里面包含着一个我们熟悉的词语——喝墨水。那么，“喝墨水”一词究竟是怎么来的呢？据历史记载，北齐皇帝曾下过一条诏令，凡考试时成绩滥劣者，都要罚喝墨水以为戒，并按滥劣的程度来决定喝墨水的量。梁武帝时规定：“差谬者罚饮墨汁一斗。”《隋书·汉礼志》里记载，士人应试时，凡书迹滥劣的要罚饮墨汁一升，连秀才、孝廉等在会试时，如发现有“文理孟浪、书写滥劣”者，也要罚他到专设的房间里去喝墨水。到今天，虽然这条荒谬绝伦的法规不再实行了，但“喝墨水”已经成了民间的习惯用语。今天要是有人讲谁“喝墨水多”，不必不好意思，因为那是指文化水平高，带有褒奖的意思。

星期四
Thur.

※【智慧门诊室】※

“迫不及待”不能用“急”

晓荷

豆豆是个急性子，做什么事都心急火燎的。这不，老师公布了单元测试成绩，豆豆破天荒地考了100分，放学的铃声刚一响起，他就飞快地跑回家把这个喜讯告诉了家人。晚上，豆豆在日记里记下了这件事：

今天考试得了100分，我迫不急待地把这个好消息告诉了家人。爸爸妈妈都很开心，做了一桌美味佳肴。看着餐桌上那香喷喷的饭菜，我迫不急待地飞奔过去，狼吞虎咽地吃起来……

第二天，老师看了豆豆的日记，把两个“迫不急待”的“急”都换成了“及”，并在旁边写下一句话：着急的心情能够理解，但也不能激动得写错别字，“迫不及待”不能用“急”。

豆豆看完批语，大吃一惊：“原来‘迫不及待’不是着急的‘急’啊！”

老师走到豆豆身边，心平气和地说：“把‘迫不及待’写成‘迫不急待’，这是一个非常容易犯的错误，大概是‘急’在我们眼中本来就是着急的意思，这样从意义上看跟‘迫不及待’非常匹配，其实这样用是不对的。”

“为什么？”豆豆感到很奇怪。

老师接着说：“‘迫不及待’的‘迫’是急迫的意思，‘及’是达到的意思，整个词语的意思是急迫得不能再等待。”

“哦，‘及’的意思是达到，跟‘急’差别很大呀。我错在没有探究词语里面每个字的意思，而是想当然地随便乱用。”豆豆不好意思地说。

“这个成语最早来源于清朝，在《镜花缘》中有这样一句话：‘且系酒后游戏，该仙子何以迫不及待。’在这里，‘迫不及待’就是急不可待的意思，整句话的意思就是：‘这只是一场喝醉了的游戏而已，这个仙子怎么会这样急切，等不及了呢？’因为《镜花缘》这部书的影响，以及‘迫不及待’这个词语通俗易懂又很生动，使这个词后来广为流传，成为一个常用的成语。”

老师娓娓道来，豆豆听得津津有味。

开心一刻

大力士

阳阳放学回家，神气十足地对妈妈说：“我是我们班力气最大的！”

妈妈问：“你怎么这么有把握？”

阳阳说：“我们班主任老师说，我一个人拖了全班人的后腿！”

人因工作而存在

〔古罗马〕马克·奥勒留·安东尼

早晨，当你不情愿地起床时，要让这个念头跳进你的脑海——我要起来去做一个人的工作，只要去做，我便因此而存在。

难道你躲在温暖的被窝里是为了享受那方寸的惬意吗？倘若你坚持认为这样才算愉快，还不如告诉我你以获取快乐而存在。你忘记了你此生应尽的义务了吗？不要再坚持说休息是必要的，记住，自然已为此确立界限：吃喝充腹，息眠止疲。你早越过了这个范围，跳过了这些限制。

你还没有贡献你作为人应该做的工作，你就将停止呼吸。你从来没有真正爱过你自己，如果你爱自己，必得爱你的本性，爱你那蓬勃旺盛的意志。即使没有安定的环境，没有食物，那些热爱自己工作的人依然耗尽精力。你对本性的尊重，甚至还不如杂耍艺人尊重杂耍技艺，舞蹈家尊重舞蹈技艺，聚财者尊重他的金钱，或者虚荣者尊重他小小的光荣呢！这些人，当他们对一件事怀有一种强烈的爱好时，宁肯不吃不睡也要关注他们所关心的事情。而在你的眼里，有益于社会的行为是令你讨厌的。社会养育了你，难道你只把她看作一个无须奉养的母亲？

用你所有的热情和行动去工作吧！只有工作，才能证明你在这个世界上是真实存在的！

“又”旁汉字歌

王冠

“又”旁添“点”成了（　　），一棵大树两树杈。

“又”旁添“寸”成了（　　），一对喜鹊叫喳喳。

“又”旁添“戈”成了（　　），一个孩子在戏耍。

“又”旁添“十”成了（　　），一支小曲咿咿呀。

“又”旁添“耳”成了（　　），一只小手取出画。

“又”旁添“见”成了（　　），一眯两眼细观察。

“又”旁添“余”成了（　　），一张小嘴叙着话。

“又”旁添“亦”成了（　　），一脸表情多变化。

“又”旁添“欠”成了（　　），一心欢畅乐开花。

“又”旁添“又”成了（　　），一跺双脚溅水花。

【参考答案】

叉、对、戏、支、取、观、叙、变、欢、双

星期日
Sun.

※【读写训练营】※

瞎子论颜色

佚名

有个瞎子，听见别人议论颜色，他也卖弄聪明，插嘴议论。

别人劝他：“您没有见过颜色，还是不要说吧！”

瞎子听了很不服气：“哼，我没见过，就不知道吗？颜色有什么奥妙？它（　　）苦的（　　）甜的！”

大家听了笑起来。

瞎子连忙改口说：“那么，（　　）方的（　　）圆的！”

大家笑得更响了。

瞎子急忙补充说：“要么，不是硬的就是软的！”

人们笑得更加厉害。

瞎子生气地叫道：“如果不是香的，难道还是臭的吗？”

这时，大家简直笑出了眼泪。

瞎子忽然顿脚说：“哦，我明白了，那一定是听起来很响很响的！”

不懂就是不懂，不要装懂。

【练习提升】

1. 在文中括号内填上适当的关联词语。

2. 找出文中四组反义词。

（1）——

（2）——

（3）——

（4）——

3. 判断题，正确的打“√”，错误的打“×”。

（1）“我没见过，就不知道吗？”意思是：我虽然没见过，但也可以知道啊。（ ）

（2）瞎子为了显示自己的聪明，才去参加议论颜色的。（ ）

（3）“瞎子忽然顿脚说”，从“顿脚”能看出他非常激动。（ ）

【参考答案】

1. 不是……就是…… 不是……就是…… 2. 苦——甜 方——圆 硬——软 香——臭 3.（1）√（2）√（3）×

丁丁的阅读笔记

我以前看过一个故事：近代著名学者黄侃曾在北大讲课，潜心研究国学。有一次他看书入迷，竟把墨水当成佐料蘸着馒头吃，涂成花脸都没觉察，一位朋友来访，捧腹大笑，他还不知笑他什么。

这周，我又读到了一篇跟墨水有关的故事。黄侃先生是不小心吃到了墨水，但是在这个故事里，有人真的喝了墨水。

原来，北齐时，皇帝下令，参加应试的文人如果成绩滥劣，就要罚喝墨水，根据成绩滥劣的程度，决定喝墨水的多少。这条荒谬绝伦的法规，沿袭了好几个朝代，才不再实行。

幸亏现在不再罚喝墨水了，要不然，我得喝多少墨水呀！

第5章

把烦恼挂在外面

只要你是天鹅蛋，就是生在养鸡场里也没什么关系。

——〔丹麦〕安徒生

能者多劳

苗苗，跟我一起办黑板报吧，我已经邀请7个人了。
帅帅，为什么除我之外，只有你和强强呢？
因为你能力强，所以我把你当5个人啦！
正所谓能者多劳嘛！
……

星期一
Mon.

※【心灵微话】※

三个猎人

佚名

一只狼正在追一只小羊，眼看就要追上了，情况很危急。

正好有两个猎人路过这里，见到这种情景，他们决定射狼救羊。

一个猎人说：“咱俩先射狼的眼睛。我射左眼，你射右眼，狼瞎了两只眼睛，羊就得救了。”

另一个猎人说：“不，我觉得还是先射狼的前腿，你射左腿，我射右腿，狼没了前腿，羊就得救了。”

第一个猎人又说：“不，要不然咱俩一起射狼张大的嘴巴。”

这时候，狼已经追上了小羊，张开大口就要吃羊。

突然，“嗖”的一声，不知从哪里飞来一支利箭，恰好射中狼头，狼一下子就被射死了，羊也得救了。

射箭的猎人走过来，对他俩说：“你们要是再争论一会儿，那只羊就被狼吃掉了。”

“青梅竹马”从何而来

李敏

“青梅竹马”通常用来形容孩子们小的时候天真无邪，常在一起玩耍、嬉戏，也指幼小时就相识的伴侣。至于这个成语究竟从何而来，这里给大家讲一个关于它的小故事。

传说，范蠡的母亲和西施的母亲未出嫁时是邻居，两人亲密无间。婚后，二人各嫁外地，都有了孩子，可感情仍然很深。她俩事先约好，每次同时回娘家住。

一年夏天，两个孩子的妈妈都回到了故乡，小范蠡和小西施也成了好朋友。

一天，范蠡的外婆病了，很想吃酸梅子，可是村里只有一家富人有梅园，当时梅子还没有成熟，范蠡的外公几次去央求梅园的主人，可人家就是不卖。

范蠡看着外婆，心里很难过。怎么办呢？于是，他和西施悄悄溜进那家梅园，范蠡在树上摘，西施在下面捡。

不一会儿，小西施看见梅园的主人来了，急忙叫范蠡下来，并把梅子揣到自己怀中。范蠡见她胸前鼓鼓囊囊的，怕被人发现，急中生智，从地上拾起一根细竹竿说：“快，你骑到后面，我骑在前面挡住你。”就这样，他俩把竹竿当马骑，一跳一跳地跑开了。

第二天，梅园的主人找上门来，外婆、外公说了好多好话，这件事情才算罢了。

不久，这事便传了出去。人们听后，就把青梅和竹马联系到一起议论，“青梅竹马”一词渐渐地也就流传开来。

叶笛

金波

一片小小的、薄薄的树叶，
就能吹出那么动听的音乐！

像树上小鸟的啁啾，
那样婉转、亲切；
像树下小溪的流淌，
那样柔美、明澈；
像林中微风的呼哨，
那样欢跃、轻捷。

这叶笛的音乐，
比小鸟更欢欣，
比小溪更深情，
比微风更活泼。

满山满树都是这样的树叶，
我的家乡是一个音乐的世界。

压岁钱

佚名

每逢新年，大人们都会给小孩儿压岁钱，这个风俗至今仍然保留着。

给晚辈发压岁钱，据说始于唐代。据《开元天宝遗事》记载：每逢春节，嫔妃们常三五成群结伴做掷钱游戏。唐玄宗李隆基为了让嫔妃们玩得痛快，就命掌管宫廷钱库的大臣在除夕发一些钱给嫔妃们。后来，此习俗传到民间，便演绎成如今的压岁钱。

也有记载说“压岁钱”由宋代的“压岁盘”演变而来。史料记载：除夕之日，小儿要用盘盒等盛些果品食物，相互赠送，称为“压岁盘”。

《燕京岁时记》的说法是：旧时除夕，要以彩绳穿钱，置于床脚，叫作“压岁钱”。尊长给小孩子钱，也称为“压岁钱”。

我觉得前两种说法是比较贴近的压岁方式：以掷钱游戏过年，用盘中之物消遣一夜。而后者则是比较长远的压岁方式，要用这钱来守护一年，含有镇岁、祛邪、祈福等意思。这与旧时代医学不发达、小孩不易养大有关系。所谓压岁，带有压邪之意，希望孩子能健康成长。

带伞

小新和小明放学后，一起打着伞回家。路上，两人开始吹嘘自己的爸爸是何等聪明之人。

小明说：“今天出门时，阳光明媚，我爸抬头望了望天，非叫我带伞，说今天会下雨。你看，这不下雨了。我爸真是料事如神啊！”

小新说：“今天出门时，我爸抬头望了望天，说今天你不用带伞了，小明爸爸会让小明带的。”

星期四 Thur.

※【智慧门诊室】※

“悬梁刺股”不是“悬梁刺骨”

小荷

听写卷子发下来了，豆豆得了99分，他把“悬梁刺股”写成了“悬梁刺骨”。

豆豆正在想“悬梁刺骨”错在哪儿了，乐乐从豆豆身后突然跳出来，说：“咱俩不愧是兄弟啊，错的地方都一样！不过，我这会儿算想明白了，咱们平时经常使用‘刺骨’一词，听到‘悬梁刺股’，自然就想起了‘刺骨’，所以也就按照自己的理解来搭配，把‘悬梁刺股’写成‘悬梁刺骨’了。”

“原来你跟我想的一样，犯了随意搭配的错误啊！”豆豆拍了拍乐乐说。

“是啊，如果真是‘悬梁刺骨’，那就是拿锥子刺自己的骨头，这也太狠了吧。这只是个玩笑，说明‘悬梁刺股’实在不能写成‘悬梁刺骨’。”乐乐边说边在本子上订正自己的错误。

“‘股’指的是大腿。”经乐乐一提醒，豆豆想起了一个故事，“战国的时候，有一个叫苏秦的人在读书时，一想睡觉，就用锥子刺自己的大腿，以保持清醒，他用这种方式不让自己打瞌睡，真是刻苦！这就是锥刺股的故事。”

乐乐接着说：“这个成语里还提到了另外一个读书人——汉朝的孙敬。他白天晚上都刻苦读书，为了不让自己打盹儿影响学习，就用绳子系着头发，悬在屋梁上，一打盹儿，头发就会被绳子扯疼，提醒自己发奋努力。这就是头悬梁的故事。”

“后来，人们欣赏他们刻苦读书的精神，就有了‘悬梁刺股’这个成语。”豆豆和乐乐异口同声地说。

“由‘悬梁刺股’，我还想到了‘囊萤映雪’和‘凿壁偷光’两个故事，这些故事都激励着我们向古人学习，发奋努力。”乐乐深有感触地说。

开心一刻

放假了

爸爸：“你自己动手把被单洗了吧，最近你妈妈很忙。”

儿子：“还是等妈妈不忙的时候再洗吧。”

爸爸：“这学期你不是得了‘爱劳动’的奖状吗？”

儿子：“可是，现在放假了！”

星期五
Fri.

※【名家美文】※

溪水

苏雪林

一片小小的红叶，听了狡狯（kuài）的西风的劝告，私下离开母亲的怀抱出来玩耍。走到半路上，风偷偷地溜走了，它便一跤跌在溪水里。

水是多么开心哟，它将那可怜的迷路的小红叶推推挤挤到一个旋涡里，使它滴溜溜地打转儿。那叶儿向前不得，向后不能，急得几乎要哭出来，水笑嘻嘻地将手一松，它才一溜烟儿地逃走了。

水是喜欢捉弄人的，但流到坝塘边，它自己的磨难也来了。你记得吗？坝下面不是有许多大石头阻住水的去路么？

水初流到石边时，还是不经意地涎（xián）着脸撒娇地要求石头放行，但石头却像没有耳朵似的，板着面孔，一点儿也不理。于是，水开始娇嗔（chēn）起来，拼命地向石头冲过去。冲突激烈时，浅碧的衣裳袒开了，露出雪白的胸膛，发出怒吼的声音，缕缕银丝四散飞起。

噼噼啪啪，温柔的巴掌尽打在石头的面颊上——它真的怒了，不是儿戏。谁说石头始终是顽固的呢？巴掌来了，它也不得不低头躲避，于是水安然地渡过了难关。

它虽然得胜了，却异常疲倦，曳了浅碧的衣裳离去时，我们还能听见它断断续续的喘息声。

星期六
Sat.

※【玩转语文】※

“中”字含义多

曲贞文

“中”是一个简单的汉字，是一个常见的汉字，也是一个多音字。“中”字有两个读音，即zhōng和zhòng。

当读zhōng时，“中”有七种意思：①和四方、上下或两端距离同等的地位，如～心、路～等。②在一定范围内，里面，如空～、房～等。③性质、等级在两端之间的，如～等、～学等。④用在动词后，表示动作正在进行，如前进～、发展～等。⑤指中国，如古今～外、～文等。⑥适于，合于，如～看、～听等。⑦（方言）成，行，好，如～不～等。

当读zhòng时，“中”有两种意思：①正对上，恰好合上，如～肯、～的等。②遭受，受到，如～毒、～弹等。

通过以上介绍，你一定能正确区分“中”字何时读zhōng，何时读zhòng了吧！下面是几道检测题，相信你一定能正确填出“中”字的读音。

中（　　）枪　　中（　　）国　　中（　　）文

中（　　）暑　　中（　　）用　　中（　　）要害

中（　　）伤　　进行中（　　）

【参考答案】

zhòng　zhōng　zhōng　zhòng　zhōng　zhòng　zhòng　zhōng

把烦恼挂在外面

佚名

一个农场主雇了一个水管工来安装农舍的水管。水管工的运气很糟，头一天，先是因为车子的轮胎爆裂，耽误了一个小时；再就是电钻坏了；最后呢，开来的那辆载重一吨的老爷车也罢了工。他收工后，雇主开车把他送回家去。

到了家门前，水管工邀请雇主进去坐坐。在门口，满脸晦气的水管工没有马上进去，他沉默了一阵子，然后伸出双手，抚摸了一下门前一棵小树的枝丫。待到门打开，水管工笑逐颜开，和两个孩子紧紧拥抱，再给迎上来的妻子一个甜蜜的吻。在家里，水管工喜气洋洋地招待了雇主。

雇主离开时，水管工陪他向车子走去。雇主按捺不住好奇心，问：“刚才你在门口的动作，有什么用意吗？”水管工爽快地回答：“有，这是我的‘烦恼树’。我到外头工作，磕磕碰碰，总是有的。可是烦恼不能带进门，这里面有太太和孩子嘛。我就把它们挂在树上，让老天爷管着，明天出门再拿走。奇怪的是，第二天我到树前去，烦恼大半都不见了。”

【练习提升】

1. 解释下列词语。

按捺不住：

笑逐颜开：

2. 水管工为什么不把烦恼带进门？

3. “把它们挂在树上，让老天爷管着，明天出门再拿走”是什么意思？

4. 短文说第二天“烦恼大半都不见了”，是什么意思？

【参考答案】

1. 按捺不住：心里急躁，控制不住。 笑逐颜开：形容眉开眼笑，十分高兴的样子。 2. 因为他不想把烦恼带给妻子和孩子，他要把好心情带给他们。 3. 风趣地说明了他把烦恼都留在门外，进门时就不带烦恼。 4. 这是一种拟人说法，烦恼往往在不知不觉中消失了，取而代之的是好心情。

丁丁的阅读笔记

今天上手工课时，老师要求我们每个小组做一只小兔子，做得最快最好的三组会得到一朵小红花。

我和小羽一组，我们很快就做好了小兔子的身子，但是在涂色的时候，我跟小羽有了不一样的想法。我不想走寻常路，准备涂一只灰色的兔子；小羽则认为，还是白色的兔子更可爱。我们争论了好久，结果下课了也没给小兔子涂好颜色。

放学后，我想起星期一读的《三个猎人》，我和小羽真像故事里那两个因为犹豫而差点让羊被狼吃掉的猎人。如果我们能果断一些，可能就得到小红花了。

下一次，我要像救下小羊的那位猎人一样，遇事果断一些，不再犹豫不决。

第6章

播种希望的日子

想成为最优秀的人，就要向最优秀的人学习。

——〔美〕巴菲特

见微知著

快递小哥，辛苦了。
快递
第二天
帅帅，前段时间，我给你叔叔寄了一条被子，现在你叔叔却给我回了这张便条，他想表达什么意思？
由甲
申
我猜，你寄的被子盖住了脑袋就盖不住脚，盖住了脚就盖不住脑袋，盖住了身子，脑袋和脚就盖不住了。
原来是这样啊。帅帅，你还真是见微知著啊！
额！

播种希望的日子

〔美〕康纳德·克奇尔

小时候，我每年夏天都要随父母去内布拉斯加州我爷爷那里。

宽阔的原野，高高的草垛，哞哞的牛声，脆脆的鸟鸣，使我流连忘返。“爷爷，我长大了也要来农场种庄稼！”一天早上，我兴致勃勃地说出了自己的愿望。

“那你想种什么呢？”爷爷笑了。“种西瓜。”我回答。爷爷的眼睛快活地眨了眨：“那么让我们赶快播种吧！”

我从邻居家要来五粒黑色的西瓜籽，取来锄头。在一棵大橡树下，爷爷教我翻松泥土，然后把西瓜籽撒下去。忙完这一切，爷爷说：“接下去就是等待了。”

当时，我并不懂等待是怎么回事。那个下午，我不知跑了多少趟——去查看我的西瓜地，也不知为它浇了多少次水，把西瓜地变成了一片泥浆。谁知，直到傍晚，西瓜苗连影子也没有。晚餐桌上，我问爷爷：“我都等了整整一个下午了，还得等多久？”

爷爷笑了：“你这么专心地等待，也许西瓜苗会早点长出来的。”

第二天早晨，我一醒来就往我的西瓜地跑。

咦，一个大大的、滚圆滚圆的西瓜正瞅着我笑呢！我兴奋极了——我种出世界上最大的西瓜了！

稍大一些，我才知道这个西瓜是爷爷从家里搬到西瓜地里的。因为在爷爷的家乡是种不出西瓜的，八月中旬也不是种西瓜的时节，而且树荫下面也不宜种西瓜……尽管这样，我不认为那是一种游戏，或是慈爱的爷爷哄骗孙子的把戏，那是在一个不懂事的孩子心里适时地播下的一颗希望的种子。

如今，我已有了自己的孩子，事业上也有所成就。而我觉得自己乐天的性情与成功的生活，是爷爷为我在橡树底下播种下的种子长成的——爷爷本来可以告诉我，在内布拉斯加州种不出西瓜，八月中旬不是种西瓜的时节，而且树荫下也不宜种西瓜……但是他没有这么做，而是让我真真实实地体验了希望与成功的滋味。

苹果和虫子

睡觉前，女儿要吃苹果，妈妈哄她说：“苹果里面有虫子，不要吃哦！”

女儿听后大哭：“妈妈快给我吃啊。不然虫子就要把我的苹果吃光了啊！”

"衣冠禽兽"曾是褒义词

李敏

"衣冠禽兽"一词来源于明代官员的服饰规定，文官官服上绣有飞禽，武官官服上绣有野兽，"衣冠禽兽"就源于此。本来这是一个褒义词，用来激励有识之士为官的。可是，清朝中晚期，官场腐败，官员贪污腐化，欺压百姓，无恶不作，由此"衣冠禽兽"就演化为贬义词了，意指为非作歹，如同禽兽。

官服都有"补"。大家在电视上可以看到，大臣们上朝时穿的朝服前胸后背处都有一块方形图案，上面有不同的动物，这被称为"衣补"，代表着官员的等级。

咱们先来看看文官的衣补。一品官员的官服是仙鹤补，二品官员的官服是锦鸡补，三品官员的官服是孔雀补，四品官员的官服是云雁补，五品官员的官服是白鹇（xián）补，六品官员的官服是鹭鸶补，七品官员的官服是㶉鶒（xī chì）补，八品官员的官服是鹌鹑补，九品官员的官服是练雀补。

武官的服饰等级是这样划分的：一品麒麟补；二品狮子补；三品豹子补；四品老虎补；五品熊补；六品彪补；七品、八品犀牛补；九品海马补。

欢乐大拜年

佚名

拜年，大家都不陌生，这是我们中华民族春节期间最为盛行的一种民俗活动，已经盛行上千年了！

拜年分人拜和物拜，人拜是亲朋好友之间相互串门，见面时作揖道喜，说些吉祥话；物拜是古时流行的“拜年帖”，不愿耗费时间的人喜欢用这种方法。古时的拜年帖就相当于今天的贺年卡，用红色硬纸片制作而成。讲究一些的人还用一种“拜盒”，将拜年帖放到里面送给对方，有时候是主人派佣仆持拜年帖代拜，有时候是主人身带一大沓红纸片，事先用毛笔将自己的名字写好，拜年时如逢对方外出，便留下一张表示自己来过了。在台湾地区，民间将拜年帖称为“走春”，意思是走出自己生活的春天。走春的人每到一家，主人都会热情款待，离去时，主人和客人要向对方的小孩互赠红包。

少数民族拜年更是别有风趣。藏族人拜年要互献哈达；回族人拜年要互送香油；白族人拜年要给老人敬苦、甜、异“三道茶”；蒙古族人拜年，男人和未婚女子叩拜，已婚女子跪拜，新媳妇则要唱歌，称之为“唱拜”。

对于女性来说，拜年时还有一些特殊的要求。嫁出门的女儿春节这天不能回娘家，年初二以后才能回家拜年。在广东的一些地方，女人到亲戚家拜年，大多要提着一个篮子，里面装一些瓜子送给他人，意思是预祝来年多子多福。

另外，有关拜年，还有不少禁忌，比如，春节前后家里有丧事的人，不足一月不能去别家拜年等。

小花朵的梦

王宜振

调皮的小风，
把小花朵的梦，
吹开一条缝。

它想瞧一瞧
小花朵的梦里，
有没有会唱歌的星星。

它想数一数
小花朵的梦，
由几种漂亮的颜色组成。

谁知从那条缝里，
滴出几滴
弯弯曲曲的鸟声……

星期四
Thur.

※【智慧门诊室】※

“启事”“启示”大不同

小荷

写完了作业，豆豆约乐乐在家属院里玩，看到院门口广告栏前围了好多人，他俩走过去一看，原来是一则寻狗启事。

“这不就是你们楼上的那只泰迪犬吗？前几天我见过，还逗它玩呢！”乐乐指着上面泰迪犬的照片说。

豆豆的目光聚焦在这张寻狗启事上：“乐乐，你不觉得这张启事有问题吗？”

乐乐睁大眼睛，看了半天也没发现问题。

豆豆提醒说：“你瞧，主人把‘寻狗启事’的‘启事’错写成‘启示’了！”

“汉语中不也有‘启示’吗？你凭什么说人家写错了？”乐乐争辩说。

“这你就不懂了，‘启事’和‘启示’是日常生活中经常使用但又容易混淆的两个词。‘启事’和‘启示’大不相同。‘启事’是一种公告性的应用文体，一般采用登报或张贴的方式。比如，遗失了东西，写一张‘寻物启事’；某单位要招工，贴一份‘招聘启事’，此外，还有招领启事、征稿启事等。这里应该用‘启事’。”豆豆不慌不忙地说。

“那‘启示’又是什么意思呢？”乐乐追问。

“‘启示’是启发提示，使有所领悟。例如：‘巴金爷爷的赠言给我们很大启示，我们要珍惜时间，好好学习，掌握本领，将来报效祖国。’”

“是啊，最近我在读一本书，这本书给了我很多有益的启示。”乐乐补充道。

“不错，你说得很好！”豆豆夸奖道。

“哪里，名师出高徒嘛！徒弟这点能耐还不是您教导出来的。”乐乐笑着说。

“咱们还是别开玩笑了，赶紧回家拿笔，把这张启事上的错误订正过来，不然会误导更多人的。”豆豆拍拍乐乐的肩膀说。

“OK！”说完，豆豆和乐乐朝楼上跑去。

开心一刻

职业习惯

小华的爸爸是法官。一天，小华的卧室里跑进来两只蚊子，一只肚子是鼓的，另一只肚子是瘪的。

小华爸爸一掌拍死了那只喝饱了血的蚊子，而对另外一只迟迟下不了手。

小华问：“为什么不打它呢？”

爸爸回答：“证据不足！”

降落伞

〔苏联〕普里什文

连蟋蟀也听不见草丛中有自己同伴的声音，它只轻轻地叫着。在这样宁静的时候，被参天的云杉团团围住的白桦树上，一张黄叶慢慢地飘落下来。连白杨树叶都纹丝不动宁静的时候，白桦树叶却飘了下来。这片树叶的动作，仿佛引起了万物的注意，所有云杉、白桦、松树，连同所有阔叶、针叶、树枝，甚至灌木丛和灌木丛下的青草，都十分惊异，并且问：“在这样宁静的时候，那树叶怎么会落下来呢？”我顺从了万物的一致要求，想弄清那树叶是不是自己飘落下来。我走过去看个究竟。不，树叶不是自己飘落下来的，原来是一只蜘蛛，想降到地面上来，便摘下了它，作了降落伞：那小蜘蛛就乘着这张叶子降了下来。

汉字加减法

小朋友，请按照加减法写出括号里的汉字，这些字都是生肖动物名哦！

虑－心＋几＝虎

袭－衣＝

虫＋它＝

样－木＝

蚂－虫＝

犭＋侯＝

鸭－甲＋又＝

犭＋勹＋口＝

犭＋者＝

【参考答案】

龙 蛇 羊 马 猴 鸡 狗 猪

星期日
Sun.

※【读写训练营】※

我爱荷叶

佚名

古人的诗文中赞美荷花的诗确实不少。荷花固然值得赞美，然而，我更爱荷叶。如果没有荷叶，只剩一朵朵光秆荷花，孤独无依地站着，就显得单调。如果没有荷叶，就不能进行光合作用，也就长不出漂亮的荷花。

看啊，这些荷叶墨绿、浑圆、厚重。久旱初雨，对像珍珠一样宝贵的水，它们一点一滴都不沾唇，总是小心地把水保存起来，留给湖中的鱼儿；风雨袭来，它们紧密团结，连成一片，不怕风吹雨打，就是身子弯起来也忘我地保护荷花；烈日吐火，它们个个撑起绿盖，挡住炎热，静静地看着阴凉处的鱼虾游戏。

荷叶作为药材，可以去热清火；荷叶作为特别的包装材料，不怕水烫，不怕油污；用荷叶煮成粥，碧绿馨香，清爽可口。

当人们指点、欣赏荷花时，荷叶从不计较，不争名，不求利，不出风头，不争地位。它总是默默地工作，默默地战斗。

我不但爱它的外表，更爱它的心灵。

【练习提升】

1. 在文中找出符合下列意思的词语。

（1）孤单而没有依靠。

（2）形容味道清淡而且爽口。

2. 填空。

（1）“如果没有荷叶，只剩一朵朵光秆荷花，孤独无依地站着，就显得单调。”这说明荷花虽好，还得靠________________。

（2）荷叶的用途有：____________________。

3. 短文第二自然段歌颂了荷叶的精神是（　　）。

A. 一种助人为乐的精神

B. 一种舍己为人的精神

C. 一种吃苦耐劳的精神

【参考答案】

1. 孤独无依　清爽可口　2.（1）荷叶的衬托　（2）作为药剂，作为特别的包装材料；用来煮粥　3. B

丁丁的阅读笔记

我最喜欢过年了，因为过年不仅可以收到压岁钱，还可以和小朋友们一起放烟花和鞭炮。另外，爸爸妈妈还会带我去亲戚朋友家拜年，大人们高兴地聊天，我们小孩子则凑在一起开心地玩耍。

这周读《拜年》时，我才知道拜年已经在我们国家盛行了上千年，它还分人拜和物拜呢。人拜是指亲朋好友之间互相串门，见面时作揖道喜，还会说些吉祥话；物拜是指古时候的“拜年帖”，相当于现在的贺年卡，是用红色硬纸片制作而成的。

过年可真有意思，我好想让它快点到来。

第7章

忙碌不停的翠波鸟

切莫垂头丧气，即使失去了一切，你还握有未来。

——〔英〕丘吉尔

迟到的理由

忙碌不停的翠波鸟

程刚

南美洲原始森林里有一种鸟，这种鸟全身翠绿，并带有一圈圈灰色纹理，就像一圈圈波浪，因此得名翠波鸟。

翠波鸟赖以成名的就是它那巨大的巢穴。它们的体长不过五六厘米，可它们建造的巢穴却比自己的身体大几倍，甚至是十几倍。

动物爱好者莱奥托为了解开这个谜，制作了一个巨大的笼子，并捉来一只翠波鸟观察它筑巢的过程。没想到的是，这只翠波鸟只筑了一个能容下自己身体大小的鸟巢，就停工了。

莱奥托又捉来一只翠波鸟放在笼子里，情况立马发生了突变：这只鸟进入笼子后，开始大力筑巢，原本停止筑巢的那只鸟也开始疯狂地扩建巢穴，两个巢穴都越建越大。几天过后，先送进来的那只鸟竟然因为疲惫不堪而死。当这只鸟死后，另外一只立刻停止了筑巢。

经过无数次的实验，莱奥托终于找到了翠波鸟鸟巢巨大的原因：攀比。这种鸟攀比心理太强，容不下别人的“房子”比自己的好，每发现有新建“房子”的时候，它便不停地扩建巢穴……翠波鸟的死其实是在建“房子”时累死的。

翠波鸟因为攀比害了自己，这也给我们人类敲响了警钟。总有一些人感叹活得累，其中一个很重要的原因就是攀比。要想真正获得快乐，不能总以别人为参照，而是要学会知足。

【赏析】

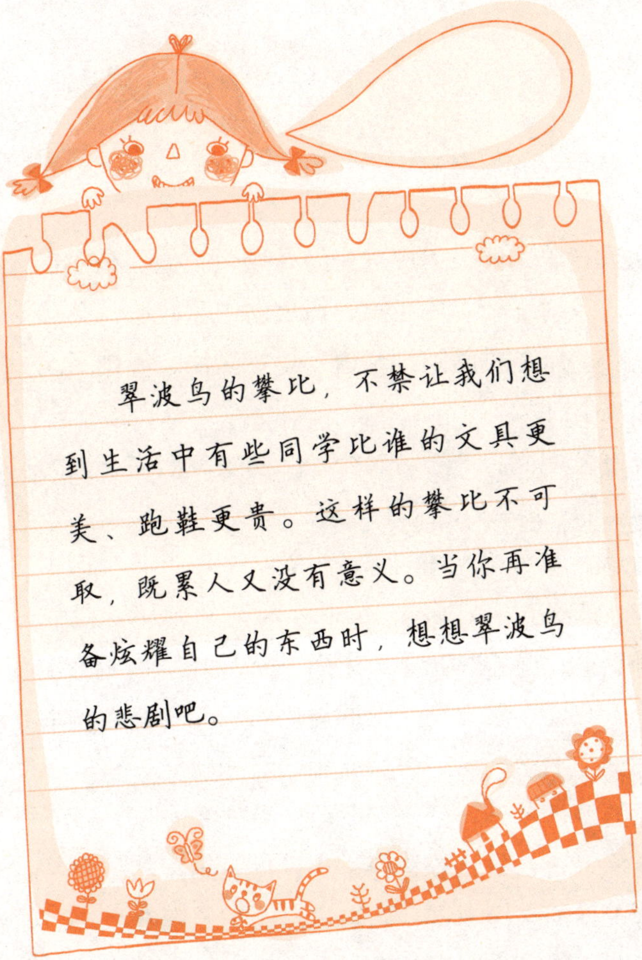

翠波鸟的攀比，不禁让我们想到生活中有些同学比谁的文具更美、跑鞋更贵。这样的攀比不可取，既累人又没有意义。当你再准备炫耀自己的东西时，想想翠波鸟的悲剧吧。

细说“连中三元”

明月

星期天，聪聪同表弟虎虎去游乐场玩，他们在射击场进行了射箭比赛，每人各射三箭。聪聪第一箭就射中了靶心，第二箭、第三箭也射中了靶心。服务员阿姨称赞道：“好箭法，连中三元！”还奖给聪聪一只绒布小白熊。

虎虎好奇地问：“哥哥，为什么阿姨称射中三箭为‘连中三元’呢？”聪聪摇了摇头，表示不知道。

晚饭后，聪聪和虎虎向爷爷讨教：“爷爷，‘连中三元’是什么意思？”

爷爷听了，捋了捋胡须，喝了口茶，慢慢地给他俩作了解释。

原来，“连中三元”是个成语。“三元”是指科举考试中乡试、会试和殿试中的第一名——解元、会元和状元，是这三个“元”的合称。古代的科举考试共分三个阶段。首先是乡试，三年一次，在省城举行，凡榜上有名的，统称为举人，排名第一的称为“解元”。然后是由礼部主持的全国考试，叫会试。会试一般在乡试后的次年春天进行，参加考试的考生必须具有举人资格，录取的人数一般为三百人，会试的第一名称为“会元”。最后是殿试，因为考场设在京城的奉天殿或文华殿而得名。这是最高一级的考试，主考官常由皇帝亲自担任，“天子亲策于廷”，故又称“廷试”。凡殿试合格者为“进士”，进士又分为一甲、二甲、三甲，一甲有三人，第一名叫“状元”，第二名称“榜眼”，第三名谓“探花”。

“连中三元”，就是指在三级考试中，某考生接连考中了解元、会元和状元。要达到这样的要求，难度极高。据记载，科举考试鼎盛的明朝，连中三元者仅有两人而已。随后，“连中三元”这个成语应用得更加广泛，其含义已不仅仅限于科举考试了。

开心一刻

开的关的

杰克6岁的时候，爸爸开车带他去一个亲戚家做客，由于赶时间，爸爸把车开得很快，远远超过了最高限速。

“杰克，”爸爸叫道，“回头看看有没有警车跟着咱们！”

“有的，爸爸。”

爸爸一听，心中一紧，于是对杰克说：“快看看警车上的警灯是开着的还是关着的。”

杰克又回过头，看着车后面，说：“开的，关的，开的，关的，开的，关的，开的，关的……”

民俗中的七夕

韩成杰

乞巧节

七夕节又叫“乞巧节”，最普遍的习俗，就是女人们在七月初七的夜晚进行各种乞巧活动。

七夕起源于汉代，盛行于唐宋，在我国已有两千多年历史，是中国传统节日中最具浪漫色彩的节日。民俗专家介绍说，判定乞巧者巧拙的“卜巧”方法，主要有“投针验巧”“喜蛛应巧”“穿针乞巧”和“巧菜”四种方法。

“投针验巧”源于穿针，又不同于穿针，是明清两代十分流行的七夕节习俗。具体方法是，在乞巧节前几天，取井水、雨水各半，盛于碗中，放在露天下过夜，再放在太阳下暴晒半天。到中午时分，将绣花针放在水面，浮而不沉，然后观看针在水中的影子。

“喜蛛应巧”，即在七月初七晚，将捉来的喜蛛（一种红色的小蜘蛛）放在首饰盒或者其他器皿里。第二天清晨，打开盒子观察蜘蛛结网的情况，如果网结得方圆得体，疏密有致，即预示着这位乞巧者心灵手巧。

“穿针乞巧”是最早的乞巧方式，始于汉代。即在月光下女子比赛穿针，谁穿得越快，谁乞到的巧就越多，也意味着谁将来能成为巧手女。

所谓“巧菜”，是指有些乞巧者在七月初七这一天聚在一起把“巧菜（豆芽）摘下来，轻轻地放入水盆里，让“巧菜”漂浮在水面上，然后一边投“巧菜”，一边唱古老的歌谣。

拜月节

七夕这一天，民间还流传有拜月的习俗。女孩子们在晚上仰望天空，摆上时令瓜果，朝天祭拜，除了乞求针织女红技法娴熟之外，更是要乞求姻缘巧配。过去，婚姻是决定女孩子一生幸福的终身大事，所以，世间痴情的女孩子会在七夕这天晚上，趁夜深人静之时，对着星空祈祷自己的婚姻幸福美满。

古时，七夕夜拜月前，要先沐浴，浴毕换上盛装，几个姐妹聚集户外，设小几案，上置简单的时令水果，焚香袅袅，轻衫飘飞，静静地对月倾诉心愿。

民俗专家表示，直到今天，七夕节仍是我国一个富有浪漫色彩的传统节日，尤其是被年轻人所喜爱。遗憾的是，不少习俗活动已弱化或消失，只有象征忠贞爱情的牛郎织女的传说和一些民间故事仍然广为流传。

“绘声绘色”和“有声有色”

李云

面对“绘声绘色”和“有声有色”这两个新学的词语，图图觉得它们太像了，不自觉地为如何正确运用它们而挠头。

不过，图图只挠了一会儿头就不挠了——他呀，又去请教语文通爷爷了。

“语文通爷爷，您瞧，‘绘声绘色’和‘有声有色’都有‘声’和‘色’，还都用两个相同的字来修饰，好难区分哟！”一见到语文通爷爷，图图就开门见山地说。

“找准它们的侧重点，问题就迎刃而解了。”语文通爷爷嘿嘿一笑，接着讲道，“‘有声有色’形容表现得十分生动。它强调的是精彩，侧重于表演，如‘这场戏演得有声有色，赢得了满堂喝彩’。‘绘声绘色’是形容叙述、描写生动逼真。它侧重于叙述故事或描写场面，如‘王大伯绘声绘色地讲起当年打鬼子的故事，我们听得都入迷了’。”

语文通爷爷讲完后，见图图低头不语，好像在思考什么，就问：“你听明白了吗？”

图图抬起头，兴奋地说：“我不但听明白了，还编了个顺口溜呢！”

“快说说。”

“爱表演，爱表演，有声有色爱表演。绘声绘色怎么办？叙述事来写场面。”图图一板一眼地说道。

瞧，语文通爷爷边听边捋胡须——他呀，一定是对这个顺口溜太满意了。

【练一练】

1. 这次庆祝活动准备充分，节目丰富多彩，搞得（　　）。

2. 课堂上，莉莉（　　）的描述仿佛把孩子们带到了西湖。

【参考答案】

1. 有声有色 2. 绘声绘色

聪明的企鹅

〔日〕黑柳彻子

我曾听说过一个关于企鹅的有趣故事。

有一天，南极某国军事基地的一架大飞机突然飞了起来。飞机飞得很低，受到惊吓的企鹅全都张嘴望着天空。企鹅的腿很短，屁股朝下，站立的时候很稳当，但当它们仰头向上时，保持平衡就十分困难了。企鹅们拼命向上看，站不住就纷纷向后倒去。几十万只企鹅陆续倒下，从飞机上看宛如被推倒的多米诺骨牌，场面极为壮观。

几天后，一群游客飞上了南极的天空，可是，不管飞机飞得多么低，企鹅们都不为所动，依然低着头，站在冰上稳如泰山。

原来，企鹅是十分聪明的动物，向后仰倒的企鹅们非但没有体会到多米诺骨牌的乐趣，反而深受其害。也许有的企鹅爸爸身下放着企鹅蛋，正享受着宝宝即将诞生的快乐，没想到眼睁睁地看着前面的企鹅坐碎了自己的蛋，转瞬之间悲痛欲绝；也可能会有一对细语缠绵的情侣被压在下面，因互相埋怨而导致分手。聪明的企鹅是不会犯同样的错误的。

企鹅的故事引发了我的深思。我什么时候才能学会吃一堑、长一智呢？我最喜欢看焰火，为了看焰火，不知多少次跌进河里、沟里，但总不长记性，还是看多少回都看不够。要是企鹅的话，初次看焰火摔了跟头，绝不会再看第二次了。

我打心眼里佩服企鹅，因为企鹅懂得吃一堑、长一智的道理。

【赏析】

企鹅的故事告诉我们，要吃一堑、长一智，不断总结经验教训，不要被同一块石头绊倒两次。尤其是那些在同一道题目上错好多次的同学，一定要加倍注意了哦。

开心一刻

记得来接我

开学了，刚满6岁的小明不肯去学校上学。

妈妈向他解释，小朋友满6岁就要去上学，一直到18岁。

最后，小明终于在书桌前坐下来，满含热泪地问：“妈妈，等我18岁的时候，您会记得来接我吗？”

星期六
Sat.

※【玩转语文】※

问我是啥鸟

王冠

问我是啥鸟？就是“我”的鸟，
曲项向天歌，人称大白（　　）。
问我是啥鸟？“又”是一只鸟，
公的催人早，母（　　）孵雏鸟。
问我是啥鸟？天下第一鸟，
鸟左有个“甲”，善游人称（　　）。
问我是啥鸟？“江”边一只鸟，
春来又秋去，候鸟是（　　）雁。
问我是啥鸟？我是“昔”日雀，
尾长黑间白，报喜是喜（　　）。
问我是啥鸟？混身长黑毛，
“牙”旁加上鸟，乌（　　）就是我。

小朋友，你知道括号里都是什么鸟吗？将答案填在括号里吧。

【参考答案】

鹅 鸡 鸭 鸿 鹊 鸦

星期日
Sun.

※【读写训练营】※

小猪胖胖

佚名

去年暑假，我去乡下的奶奶家，认识了小猪胖胖。

它长得确实很胖，足有几十斤重，走路时，脖子下面那一大团肥肉总是一晃一晃的，大大的肚子左右摇摆，走起路来显得很吃力。它还有两只扇形的大耳朵，鬃毛油黑发亮，屁股后那条细细的小尾巴在吃食时总是快活地甩来甩去，真可爱。

胖胖是散养的，生活得可快活了。奶奶每天喂它三顿，每到吃食时，它都像谁要跟它抢似的，不把肚子吃得滚圆，决不罢休。要是吃够了，它就会用那长长的嘴巴把食槽里的食拱得到处都是。这时候，奶奶就会气得给它一巴掌，它则夹着小尾巴跑得远远的，然后站住，瞪着小眼睛朝奶奶看，那样子好像是为自己的恶作剧而得意呢！

我发现胖胖常在树干上蹭来蹭去，原来它是在蹭痒痒！我便过去帮它挠，胖胖非常乐意。挠着挠着，它便扑通一声倒在地上，闭上眼睛享受起来。当我挠到它的腿根时，它还会跷起腿来让我挠，嘴里舒服地打着呼噜。小猪胖胖真会享受啊！

胖胖真可爱，我很喜欢小猪胖胖。

【练习提升】

1. 比一比，再组词。

休　　体

抢　　枪

瞪　　澄

2. 写出下列词语的反义词。

熟悉——

享受——

喜欢——

3. 从哪儿看出小猪胖胖很胖？用波浪线画出来。

【参考答案】

1. 示例：休息　体育　抢票　枪王　瞪眼　澄清　2. 陌生　吃苦　讨厌

3. 它长得确实很胖，足有几十斤重，走路时，脖子下面那一大团肥肉总是一晃一晃的，大大的肚子左右摇摆，走起路来显得很吃力。

丁丁的阅读笔记

妈妈说，每年农历七月初七是牛郎和织女见面的日子，这天晚上如果你坐在葡萄架下，就会听见他们说话的声音。我曾专门去听过，不过什么也没听到。

读了《民俗中的七夕》，我才知道七夕节又叫乞巧节，它起源于汉代，盛行于唐宋，在我国已经有两千多年的历史了，是中国传统节日中最具浪漫色彩的节日。这一天，少女们不仅会进行各种乞巧活动，还会拜月祈愿，希望自己能拥有一双巧手和一段良缘。

直到今天，七夕节在我国仍是一个很受欢迎的传统节日。

第8章

乔乔的奇妙旅程

没有失败，就不会有成功，失败并不可怕，可怕的是你因失败而放弃自己的梦想。

——〔葡萄牙〕C.罗纳尔多

理由如此简单

星期一
Mon.

※【心灵微话】※

相提并论

〔俄罗斯〕塔季扬尼契娃

对着镜子别讲假话，
智慧使我们作出简单的回答：
山雀与雄鹰相提——
渺小，
可是与蚊子并论——
伟大！
人间的事相比啊，真奇妙……
大自然即使还不齐备完好，
但是，每一个活的生物，
它同时——既大又小。

【赏析】

人只有在镜子面前，才能找到一个相同的自我。在现实中，人与人的差别可就惊人了。在一些人面前，你可能是“矮子”，和另一些人相比，你可能就是个“巨人”。树上没有两片相同的叶子，世间也没有两个相同的人。正因为人们个性的差异，才有了各种丰富多彩的人生。

邯郸学步

李敏

古时候，在燕国的寿陵， 有一个少年，历史上没有记载他姓甚名谁，咱们姑且叫他寿陵少年吧。

这个寿陵少年，家境殷实，吃穿不愁。也可能正因为生活无忧，他的性格也挺奇怪——他总觉得自己哪儿都不如别人，衣服没人家穿得好看，话没别人说得漂亮，气质没别人高雅，就连自己走路的姿势，他也觉得不如别人好看。

后来，寿陵少年偶然听人说，在赵国有个邯郸城，那里的人走路姿态优美，老年人走路十分稳健，少年走路十分活泼，男人走路十分稳重，女人走路十分轻盈……于是，他不顾山高水险，不顾路途遥远，决心到邯郸去学习走路。历经艰辛，他终于来到了邯郸。他顾不上休息，就极其认真地投入到学习中。他先是整天待在大街上，或是站，或是蹲，目不转睛地观察当地人怎么走路。他发现邯郸当地人走路果然好看，气质优雅，姿态优美，所以马上照着学起来，怎么抬脚、怎么摆手，他都力求形似。他一边学习，还一边总结，最终总结出了邯郸人走路美的几个特点，天天对照着改进。可是，他学习走路不结合自己的特点，而且经常见异思迁——见到老人走路稳健，就苦心练习；见到少年走路活泼，便又学着少年活泼的样子；见到男人走路稳重，就学男人走路；见到女人走路轻盈，如杨柳飘飘，如溪水潺潺，就又去跟着学。结果，他对着镜子看自己走路，觉得一点儿都不好看。

后来，他又总结了经验教训，找到了原因——那是因为他与邯郸人站在同一平面上，所以不能把别人走路的姿态从头到脚看得一清二楚，自然无法学到精华。

于是，他选择了一处“最佳学步地点”——一座小桥下面。在认真研究了邯郸人走路的方法之后，他学得更起劲儿了。可是，他从小桥这头走到那头，又从那头走到这头，不厌其烦地走了无数次后，发现自己依然学得不成样子。

最后，他明白了：不破不立，之所以没有达到目的，就是因为自己脑子里还有寿陵人走路的影子。于是，他假设自己刚刚出生，压根儿就不会走路，一迈步，扑通一声，故意跌倒了。然后，他慢慢地爬起来，模仿邯郸人迈步，模仿邯郸人摆手。他学得十分专心，十分吃力。如此这般，几个月过去了，他不但没有学会邯郸人走路，就连自己原来的步法也忘得一干二净了。

后来，寿陵少年随身带的盘缠花光了，不得不返回寿陵。可是，由于忘记了寿陵人走路的步法，而邯郸人走路的步法又没有学会，他只好匍匐在地上，狼狈地爬着往回走。

他爬过山，爬过小河，一路上，碰到的人都对他发出了讥讽的笑声。

“走投无路”不是“走头无路”

何婉秀

读完《鲁滨孙漂流记》这本书，乐乐思绪万千，他被鲁滨孙勇于克服重重困难的顽强精神所感动，于是伏案写了一篇读后感拿给爸爸看。

爸爸接过乐乐的读后感，认真地阅读起来。当看到“鲁滨孙即使在走头无路的情况下也不放弃”一句时，他皱了一下眉头，用红笔在“走头无路”一词旁做了个记号。

乐乐拿过爸爸批改后的习作，不解地问：“‘走头无路’一词在这里用得不恰当吗？”

“用法是没错，有个字错了。”爸爸提醒道。

乐乐仔细看了一会儿，恍然大悟道：“应该是‘走投无路’，而不是‘走头无路’。这个词语我经常写错。”

“如果你真正理解了‘走投无路’中‘投’的含义，以后就不容易写错了。”爸爸认真地说。

“爸爸，快讲来听听吧！”乐乐忙请教爸爸。

于是，爸爸耐心地讲解道：“‘走投无路’是指无路可走，比喻处境极端困难，找不到出路。其中，‘投’是奔走，走向（别人、别处）的意思，与‘走’的意思类似，因此才会用在这个成语中。要是换成了‘头’字，岂不是闹了笑话。”

爸爸的一番话让乐乐听得入了神，也让他对“走投无路”这个成语印象更加深刻。

地球为什么“偏心眼”

地球的心脏——地核，分为内外两层，外地核呈液态，而内地核则是铁镍（niè）成分的固态。科学家发现，内地核并不在地球球体的正中央，而是偏向了西半球的方向。地球的心脏怎么会偏向西半球呢？

最近，科学家模拟地核核内铁镍颗粒的状态，找到了一个合乎科学理念的解释，就是铁镍颗粒会从固态的内地核逐渐运动到液态的外地核，即形成了对流。但这种对流各个方向不是相等同的，而是内地核东半球的铁镍颗粒被熔化后由对流带走，流向了西半球。而内地核西半球的液态铁镍表面已经凝固，形成了内地核的一部分。科学家说，这样的过程还在持续进行，地球的心脏——内地核还在不断更新。总之，从目前情况来说，地球的心脏越来越偏向西半球了。

※【智慧门诊室】※

乔乔的奇妙旅程

李云

听说山上的荞麦花开了，没出过远门的“乔乔”决定去看花。

走着走着，“乔乔”被一道深沟挡住了去路。她一点儿也不着急，站在沟边说道：“沟儿深深我不怕，请来‘木’字把桥搭。”说完，一座桥便架在了深沟上，“乔乔”轻松地越过了深沟。

毕竟没出过远门，在家娇生惯养的“乔乔”才走了几里地，就走不动了。她望了望看不到头的小路，说：“路儿远远我不怕，请来‘车’字把我拉。”说完，一辆小轿车就出现在她眼前。于是，“乔乔”坐进车里，开着小轿车向山上驶去。

在山上绕了两道弯后，前面出现了一个美丽的小村庄，路牌上写着“侨胞村”。由于此行目的是看荞麦花，所以“乔乔”没有逗留，只是放慢了车速，好多看几眼这美丽的小山村。

终于，“乔乔”找到了荞麦花田。置身于如雪的荞麦花中，“乔乔”骄傲地说：“荞麦花，我来啦！”

小朋友，请从文中找出由“乔”变化而来的字，并一一组词。

【参考答案】

示例：荞，荞麦；桥，铁桥；娇，娇气；轿，轿车；侨，侨胞。

钓鱼家郑小登

张天翼

才走了四五步，突然什么地方“吧嗒吧嗒”的脚步响了两声，就有一双手从我身后猛地伸了过来，一把蒙住了我的眼睛。

“谁？”我使劲儿掰那双手，掰不开，“谁？”

摸了两遍，可摸不透那是谁的手，只是闻到了一股挺熟悉的味儿：胶皮味儿带着泥土味儿。

“谁呀？别捣乱，人家没工夫！”

那双手却老是不放。

那个蒙我眼睛的人可真有耐心，那双手就好像长在我脸上的一样。要不是我扔掉手里的钓竿去胳肢他，真不知道他哪一辈子才放手哩。他一笑——活像喜鹊叫唤，这可就逃不掉了。

“郑小登！”我叫起来。

郑小登不但是我的好朋友，而且是我们班上的大钓鱼家，钓鱼谁也赛不过他。他只要把钓竿一举，就准有一条，保你不落空。要是鱼儿要狡猾，不来上他的钩，那他就有本领跟它耗上，一辈子泡在那儿他也不着急。

有趣的数字

宋玉坤

在数学课本里，数字是最精确的，一是一，二是二。但是在语文课本里，它就变得非常有趣了。比如：

一窍不通：比喻一点儿也不懂。

三番五次：表示不止一次，反复好多次。

五颜六色：指各种颜色。

七手八脚：形容人多手杂，动作忙乱。

十拿九稳：形容很有把握。

千方百计：形容想尽或用尽种种方法。

看了这些例子，你能说出下面这些带有数字的成语的意思吗？

一心一意、三心二意、五光十色、七上八下、百发百中、千军万马

星期日
Sun.

※【读写训练营】※

袋鼠与蜗牛

佚名

袋鼠从蜗牛身旁经过，被蜗牛叫住了。

“你见到我为何不打招呼？”蜗牛责问道。

“对不起，我没看见你。”

“没看见？”蜗牛生气了，它喘着粗气说，“你是鼠，我是牛，我看见了你，你怎么会看不见我呢？你这鼠辈竟敢目中无人！”

袋鼠说：“你怎么是牛呢？牛我见过，比我还大哩！再说，我也不是鼠呀！”

“不对！”蜗牛说，“如果我不是牛，大家为何叫我蜗牛呢？既然黄牛、水牛和牦牛都是牛，那我蜗牛自然也是牛了。同样，如果你袋鼠不是鼠，那黄鼠、田鼠以及家鼠什么的，就都不是鼠了！”

袋鼠不想同蜗牛争辩（争论　争吵），趁蜗牛不注意，悄悄地走开了。它清楚，尽管蜗牛的名字中带有一个“牛”字，而且口口声声称自己是牛，但人们是不会把它看成牛的，就像自己叫袋鼠，大家从不把自己看作鼠一样。

【练习提升】

1. 从文中的括号里，选择“争辩”的近义词：________。

2. 读短文，找出文中表示“看不起人”的词语________。

3. 将袋鼠不与蜗牛争辩的原因用横线在文中画出来。

偏心

妈妈问姐姐：“6个苹果，给了妹妹3个，你还有几个？”

姐姐说：“还有3个！”

妈妈又问妹妹：“6个苹果，给了姐姐4个，你还有几个？”

妹妹生气道：“妈妈你偏心。”

【参考答案】

1. 争论 2. 目中无人 3. 它清楚，尽管蜗牛的名字中带有一个“牛”字，而且口口声声称自己是牛，但人们是不会把它看成牛的，就像自己叫袋鼠，大家从不把自己看作鼠一样。

丁丁的阅读笔记

“山雀与雄鹰相提——渺小，可是与蚊子并论——伟大！”这是我从《相提并论》这首诗中摘抄下来的句子。我还能仿写这个句子呢，比如：兔子与大象相提——渺小，可是与蚂蚁并论——伟大。哈哈！

世界上的每个人都是独一无二的，每个人都有长处和短处。我们不应拿自己的长处与别人的短处比，然后得意扬扬；也不应拿自己的短处跟别人的长处比，然后自惭形秽。

我有哪些长处和短处呢？我要好好想想。